「大東建託」商法の研究

〝サブリースでアパート経営〟に気をつけろ！

三宅勝久

同時代社

＊目次

はじめに

二〇一八年一二月中旬のある日、同年六月に出版した拙著『大東建託の内幕〝アパート経営商法〟の闇を追う』の出版元・同時代社に宛てて、大東建託の代理人弁護士から内容証明郵便がとどいた。

当社としては、貴社の上記書籍は、当社の名誉を毀損し、業務妨害行為であると判断しております。

よって、上記書籍の発行を差止め、今後発行しないよう通告致します。

一二月末日までに上記書籍の発行を止め、流通した上記書籍を回収し、今後発行しない旨の誓約書を提出して下さい。

『大東建託の内幕』をめぐっては、出版直前の五月末にも出版差し止めを求める配達証明郵便が大東建託代理人から同時代社に送りつけられた。それにつづく二度目の「警告」である。※

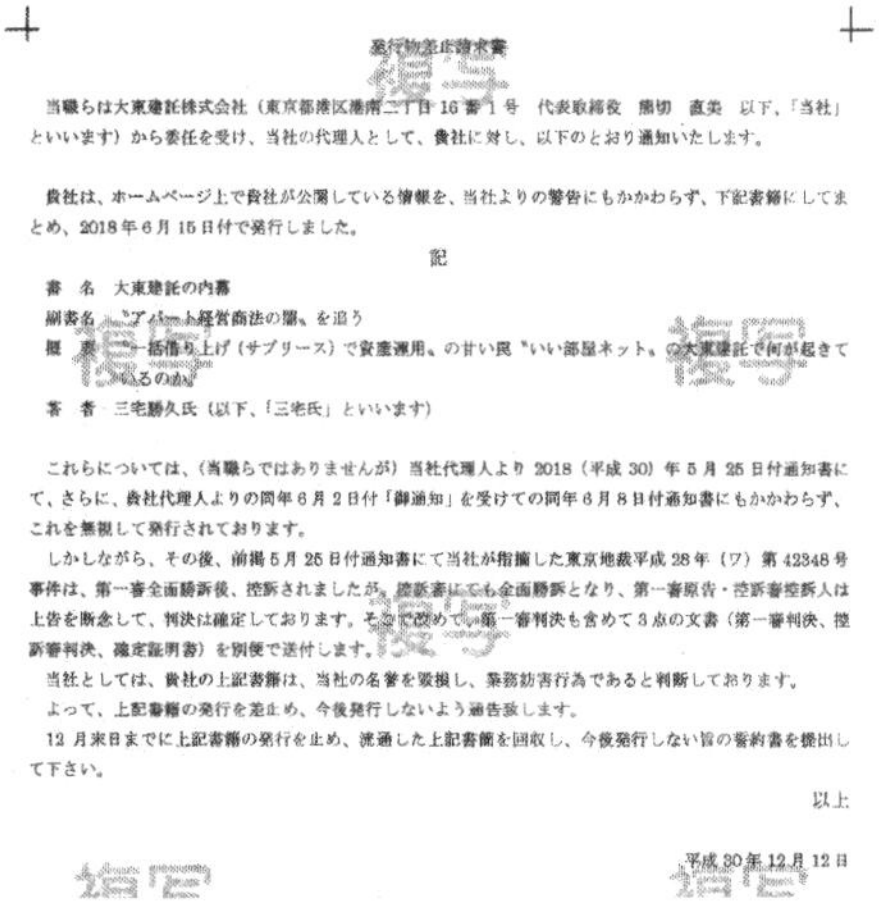

発行物差止請求書

当職らは大東建託株式会社（東京都港区港南二丁目16番1号　代表取締役　熊切　直美　以下、「当社」といいます）から委任を受け、当社の代理人として、貴社に対し、以下のとおり通知いたします。

貴社は、ホームページ上で貴社が公開している情報を、当社よりの警告にもかかわらず、下記書籍にしてまとめ、2018年6月15日付で発行しました。

記

書　名　大東建託の内幕

副書名　〝アパート経営商法の闇〟を追う

概　要　一括借り上げ（サブリース）で資産運用〟の甘い罠〝いい部屋ネット〟の大東建託で何が起きているのか〟

著　者　三宅勝久氏（以下、「三宅氏」といいます）

これらについては、（当職らではありませんが）当社代理人より2018（平成30）年5月25日付通知書にて、さらに、貴社代理人よりの同年6月2日付「御通知」を受けての同年6月8日付通知書にもかかわらず、これを無視して発行されております。

しかしながら、その後、前掲5月25日付通知書にて当社が指摘した東京地裁平成28年（ワ）第42348号事件は、第一審全面勝訴後、控訴されましたが、控訴審にても全面勝訴となり、第一審原告・控訴審控訴人は上告を断念して、判決は確定しております。そこで改めて、第一審判決も含めて3点の文書（第一審判決、控訴審判決、確定証明書）を別便で送付します。

当社としては、貴社の上記書籍は、当社の名誉を毀損し、業務妨害行為であると判断しております。

よって、上記書籍の発行を差止め、今後発行しないよう通告致します。

12月末日までに上記書籍の発行を止め、流通した上記書籍を回収し、今後発行しない旨の誓約書を提出して下さい。

以上

平成30年12月12日

『大東建託の内幕』の出版中止を求めて大東建託が同時代社に送った内容証明郵便

「名誉を毀損」「業務妨害」ときめつけるからには、具体的に「ここが嘘だ」などの指摘があってしかるべきだろう。いったい何頁のどの記述が問題だというのか。大東建託の手紙を私はくまなく見た。しかしどこにも具体的な指摘はない。一応理由らしいものとして、パワーハラスメントや不当な処分を受けたと訴えて賠償を求めた元支店長の裁判で支店長が敗訴したことを挙げているが、それがなぜ出版停止の理由になるのか意味不明である。根拠を示さないまま、出版を中止・回収し、さらには今後出版しないむねの「誓約書」まで出せという。乱暴きわまりない。これが上場企業や弁護士のすることだろうかと私はあきれた。

　興味ぶかいのは、著作内容にもっとも責任を負うはずの著者に対しては、なにひとつ苦情の類を言ってきていない点だ。大東建託に私はたびたび質問をしてきた。しかしこの数年来、完全に無視される状況がつづいている。記事を書いた本人には何も言わずにおいて、版元だけを

「名誉毀損」だなどと難じる。この矛盾した態度は奇妙というほかない。

大東建託は何のために内容証明郵便を送ってきたのだろうか。威嚇なのか、あるいは本当に訴えてくるのか。そんな疑問をかかえたまま私は取材の旅をつづけた。ほうぼうを訪ねて家主や顧客、その家族、従業員に会い、さまざまな憤りや嘆きを聞いた。大東建託だけではない。大和ハウス工業や東建コーポレーション、レオパレス21といった同業他社に関しても、顧客らが漏らす悲鳴のような訴えを耳にした。深く病んだ日本社会の一断面を照らしだすこれらの声を、前著に引きつづいて報告する。

※　二〇二〇年一月現在、大東建託からの提訴はなされていない。

なお、文中、登場人物は基本的に匿名としました。年齢肩書は取材当時のものです。

父　三宅俊夫に捧ぐ。

第1部

苦悩する大東建託の家主《オーナー》たち

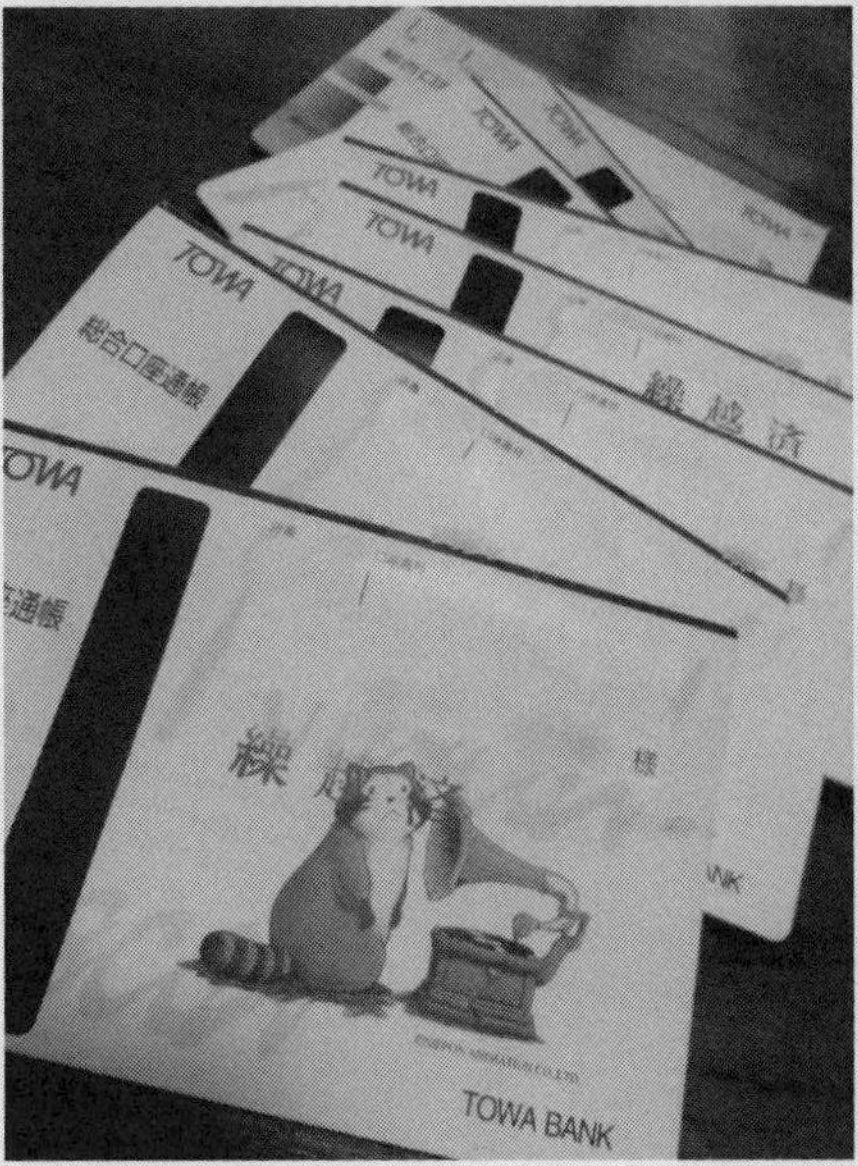

「毎月家賃が入ります」
「三〇年一括借り上げですから大丈夫です」
「ローンを払ったあとは家賃がすべて利益になります」

大東建託営業社員の言葉を信じて多額の借金をしてアパートを建てたものの「だまされた」と後悔する家主があとを絶たない。はじめから収支が合わない、家賃を強引に下げられた、一括借り上げを一方的に打ち切られた――取材から浮かび上がるのは、はなやかな宣伝からは想像もつかない、「顧客」に対するあつかいのひどさだった。

扉写真：不採算に陥って一括借り上げ契約を解除された家主の預金通帳。
営業社員の説明とは裏腹に、当初から採算は厳しかった（1 章参照）

第1章 「だまされました」——経営破綻した家主《オーナー》の告白

『大東建託の内幕』を読んだという東北地方の高齢の女性から同時代社に連絡があったのは二〇一八年の秋口のことだ。折り返して電話をかけると、電話口に出た女性は気落ちした声で嘆いた。「亡くなった父親が生前大東建託でアパートを建てたんです。だまされました。ぜひ話を聞いてほしい」。

農協の知人からの誘い

さわやかに晴れた一〇月下旬の某日、私は浅草駅から特急列車に乗り、東北地方の中規模都市であるK市に向かった。観光客で車内はにぎやかに混み合っている。目的地の駅頭に降り立つと汗ばむほどの強い日差しが肌を照らした。遠くの山並を背景に、色づいた稲穂が近景をいろどる。農家づくりの屋敷の脇で古い柿の木が赤い実をたわわにつけている。

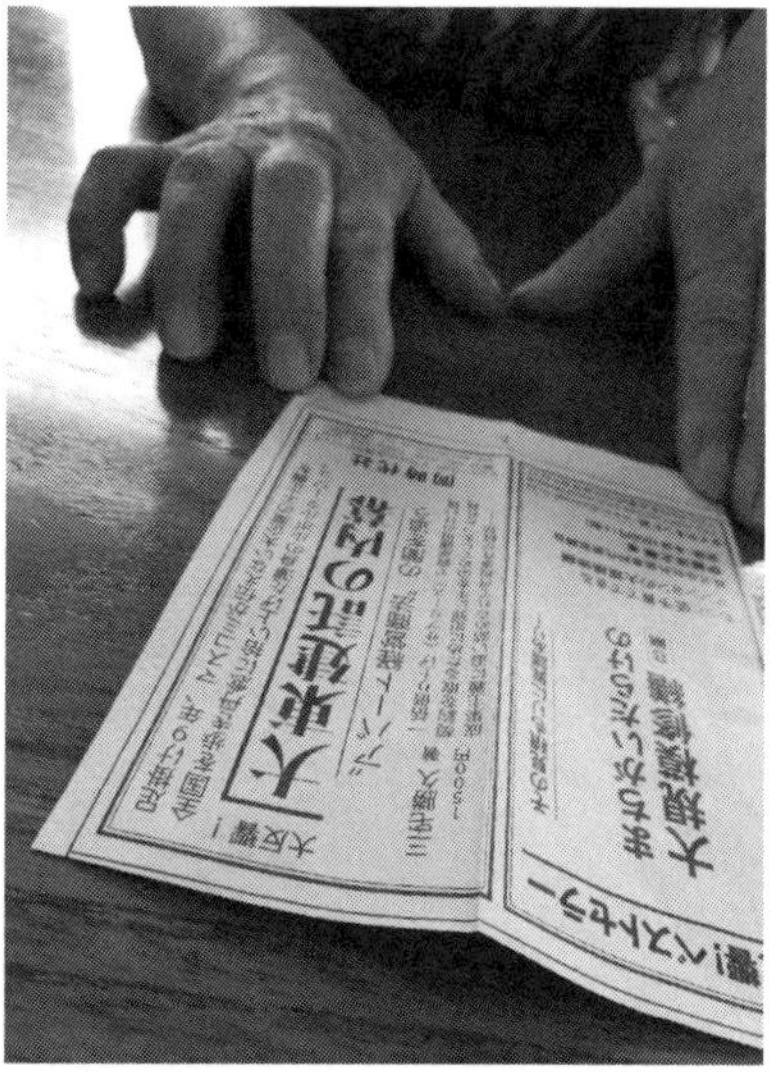

『大東建託の内幕』の新聞広告を前に、父親から引き継いだアパートの問題を話す山口さん（仮名）

「お昼ご飯までしょう」

駅に車で迎えにきた山口墨江さん（仮名、六〇歳代）はそう言うと、まず、ここらで一番うまいというカツ丼の店に私を案内した。そこで食事を済ませてから自宅に向かい、畳敷きの居間に私を通した。座敷机の上に、はさみで丁寧に切り抜いた『大東建託の内幕』の新聞広告があった。山口さんがとつとつとした口調で身の上話をはじめる。

「二〇年前に父が大東建託のアパート三棟を建てました。今は亡くなって弟が相続しています。家賃が定期的に入る、空き部屋が出ても家賃保証があるので、子どもたちの生活の支えになるという話でした。しかし、実際は銀行返済に追われ、とうとう資金ぐりに行きづまってしまって。大東建託は一括借り上げを解消してしまいました。銀行の返済ができなくなって困ってしまって[※1]…」

現在アパートが建っているところは、以前は農地だった。父母が米や野菜を作っていた。時節柄、農業経営は厳しい。子どもたちに農業をやろうという者はおらず、将来この農地をどうするかというのは両親の気がかりだった。

そうした事情を知ってか知らずか、以前から不動産関係者がしばしば営業に訪れていた。大東建託が来たこともある。

「水田を埋めてアパートを建てませんか」

「売りませんか」

彼らはきまってそんな話を持ちかけた。しかし父は、「やらない」とすべて断った。先祖伝来の美田をつぶしたり手放すことに心理的な抵抗があったし、アパートをやってもうまくいくとは思えなかったからだ。駅から車で数十分もかかる場所だし、近隣に人が集まるようなところもない。アパートに向いていないだろうとは、付近の人なら誰でも感じることだった。

そんな父の気持ちが変わったのが今から二〇余年前、一九九五年ごろのことだ。きっかけは、父の知人である農協役員の男からの「大東建託のアパートをやらないか」という誘いだった。父もかつて農協の役員をしていたから男性のことはよく知っている。

彼は頻繁に自宅を訪ねてきた。やがて大東建託の社員と連れだって来るようになった。どんな話をしているのか山口さんにはよくわからなかった。だが、まさか父がアパートを建てる気になろうとは、当初は思ってもいなかった。

そんなさなか、母が病気になり急死するという悲しい出来事があった。看病、通夜、葬儀とあわただしい毎日がすぎた。いそがしくてアパートどころではない。この間、農協の男性や大東建託社員の姿も見なくなったので、アパートの話はなくなったのだろうと山口さんは思った。

ところが、母の死去から約一ヵ月後、彼らは訪問営業を再開した。しかもすでに具体的な計画案をつくっているらしく、書類を広げて父に説明をした。父のほうは妻を亡くしたショックから立ち直っていなかったが、追い返すわけでもなく話を聞いていた。

どうやら父の気持ちが変わってきたようだと山口さんは察した。なぜアパートをやる気になったのか、はっきりとした理由を父は言わなかった。農協の知人の勧誘にほだされたことはまちがいないが、それに加えて息子のことを考えたのだろうと思った。というのも、病気で働くことができない独身の息子（山口さんの弟）がいて、彼の将来を案じていたからだ。息子が生活していくための経済的な足しになればとアパート話に乗ったのではないか。

父を信頼していたので、父がアパートをやりたいのならそれでよいと山口さんは納得した。そして、以後は彼女も同席して大東建託の話を聞くことにした。

大東建託の社員が父に提示した計画案とはこうだ。

〈木造二階建のアパート三棟一四戸を一億五〇〇〇万円ほどでつくる。毎月七〇万円ほどの家賃収入がある。銀行への返済分を引いた手残りは月に約一〇万円――〉

「それでは厳しい。毎月の手残りとして二五万円は必要だ」

父はそう言って突き返した。アパート経営を安定的に維持し、かつ病身の息子の暮らしを支えるには最低二五万円の収入がいると考えたのだ。

大東建託の社員は案を持ち帰り、つくり変えてふたたびやってきた。やはり「月二五万円の手残り」にはほど遠い内容だ。父はまた断った。つくっては修正するという作業を何度かくり返し、とうとう「月二五万円の手残り」の案が提示された。

〈家賃・駐車場収入が月に約九〇万円、総工費は約一億三〇〇〇万円。毎月の返済額が六〇万円あまり――〉

これだと手残りが二五万円になるというわけだ。それならばと父も山口さんも受け入れる気持ちになった。そして契約書に署名・捺印する。一九九五年八月のことだった。事業試算や契約書の細かいことはよくわからない。しかし、「毎月二五万円の手残り」という、ここだけは慎重に確かめたつもりだった。

融資の申しこみは大東建託にまかせていた。何ヵ月たっても融資決定の連絡はこなかった。この間、契約内容が何度も変更された。三棟一四戸から三棟一二戸に、そこから一棟八戸に、そして再び当初の三棟一四戸に戻る。このあたりの事情を山口さんは長い間知らなかった。おそらく父もわかっていなかったにちがいない。[※2]

契約から一年もたったころ、ようやく「銀行融資がついた」と大東建託の社員から報告があった。だが、彼の説明する融資内容に山口さんはおどろいた。年利三・二五%、返済期間は二五年だという。金利だけで年間四〇〇〇万円もの額に達する。三〇年返済ではなく、二五年なので月の返済額も大きい。しかも、山口さんが住む父名義の土地・建物を追加担保に入れるという条件が付いていた。

もし、山口さんらに銀行から大金を借りた経験があれば、利回りを自分で計算して「この条件では無理だ」と気づき、解約するという決断ができたかもしれない。しかしそうはならなかった。

「大丈夫です」と大東建託社員はくり返した。その言葉を疑わず父は融資を申しこんだ。

資金が調達できると、すぐに工事がはじまる。水田が無残につぶされた。ここで育った米を山口さんはいつも父からもらって食べていた。それももうないのだと少しさびしい心境になった。しかし、代わりにアパートの収入があるという期待があった。「家賃と駐車場の収入は毎月約九〇万円、手残りは約二五万円」という大東建託の説明を信じていた。

動転する父

契約から二年がすぎた一九九七年秋、三棟のアパートが完成する。客づけも順調で、一四ある部屋はじきに満室となった。山口さんはほっとしたが、それも束の間のことだった。数ヵ月後、父が動転した様子で連絡してきた。

「入っている家賃が少ない」

そう言うのだ。父の家に行って通帳を見た。たしかに毎月の手残りが七万円ほどしかない。期待していた「二五万円」よりもはるかに少ない額だ。

理由はすぐにわかった。入金された家賃などの額そのものが少ないのだ。七〇万円あまりしか入っていない。予定では九〇万円のはずである。

どういうことかと山口さんは疑問をいだき、担当社員に電話をかけてたずねた。契約する前と打って変わり、社員の態度はぞんざいだった。「手残り二五万円」などといった説明をしたのかどうかすら、言を左右してはっきりと認めない。

「手残り二五万円あると言ったではないか」

山口さんは食い下がったが、相手は「相続税対策になったではないか」などとうそぶき、話をはぐらかした。

農地のときはほとんどかからなかった固定資産税が、宅地化して新築アパートを建てたとたんに激増した。その額は年間ざっと八〇万円。税金を払うとほとんどお金は残らない。事業としてまったく成り立っていなかった。

失敗したと知って父は落胆し、やがて重篤な病を発症する。入院して手術を受けた。一ヵ月ほどで退院したが、傷も癒えないうちからわずかに残った家庭菜園の畑を耕しはじめた。顔色は悪かった。「やめたら」と山口さんは止めたがきかなかった。アパートを新築したばかりだというのにうれしそうな様子はなかった。

アパートの完成から一年後、父は死去した。

契約以来、くだんの農協役員はぴたりと寄りつかなくなった。父の葬儀にも来なかった。大東建託から謝礼が払われたと聞いたのはずっと後のことである。大東建託の関係者がそっと教えてくれた。

「（農協役員は）さいきん金の勘定ばかりしている」

そんな醜聞も耳に入った。

父の死後、アパートは病身の弟が相続して山口さんは保証人となった。子どもたちの苦労がはじまる。満室で月七〇万円の家賃収入で手残りが約七万円。これが一年つづいてようやく固定資産税を払うだけの収入になる。だが七〇万円に満たない月がしばしばあった。というのも、入退去があれば一定期間家賃が入らないという特約があったからだ。もちろん空室中は駐車場代もない。三戸も空けば持ち出しになった。

このままではもたないと山口さんは銀行に出向き、返済期間の延長や金利の見直しを求めた。だがまるで応じてくれない。築五年がすぎた二〇〇三年一月、山口さんは悔しさのあまり大東建託の社長に手紙を出す。

手残り二五万円という書類を見せられ、信じて契約した。しかし実際はちがう。支店に説明を求めてものらりくらりした対応しかしない。誠実に対応してほしい――そういう切実な気持ちを直筆でしたためた。

手紙を投函してからしばらく後、ワープロの文字で印刷された返事がとどいた。

大東建託株式会社　代表取締役社長多田勝美

（前略）事業試算書は作成時の経済動向全般を背景とした家賃相場、融資条件、融資利率等々の諸条件を考慮し作成したものであり、ご提出させて頂いております事業試算書にも記載させて頂いております様に、将来の収入をお約束するものではありません。

従いまして、経済状況の変動に伴う家賃相場を含めた融資条件、融資利率等の諸条件の変動により、事業収支内容は変動するものであることをご理解頂きたくお願い申し上げます。また、事業試算書提示後の融資手続きにおいて、融資条件は金融機関が設定するため、ご提示した試算書の条件と実際の融資条件が異なり、収支内容が変動する状況が発生する場合があることもご理解頂きたくお願い申し上げます。（中略）

山口様のお申出のような「現実の手残りの差（ギャップ）が生じる」状況は、バブル経済が終焉して今日までの経済状況におきましては、弊社がお世話させて頂いたお客様のみではなく、全ての賃貸建物における現象となっています。

そのような厳しい経済環境におきましても、弊社は最大限の企業努力をさせて頂き、ご縁がありご契約を頂いたお客様に、建託システムをもって長期に亘る建物賃貸経営をご支援申し上げて参る所存です。

何卒ご理解を頂き、末永くご高配を賜りたくお願い申し上げます。

言いまわしは丁寧だが、冷たく事務的な文面だった。このときまでは、嫌な思いをしながらも気持ちのどこかで大東建託を信じていた山口さんだった。しかし返事の手紙を見てふっきれた。

「やはり、だまされたんだ…」

そう確信した。

家賃収入はそっくり銀行返済に回り、修繕費を積み立てることもできない。大東建託と銀行のもうけのためだけに身を削っているようなものではないか。

二〇年目に一括借り上げ打ち切り

築一〇年をすぎると大東建託が家賃の引き下げを要求してきた。山口さんは納得できずに断った。すると、月数千円の駐車場料金を下げられた。結果、手残りは減る。「外壁の修繕をしてください」とも言ってきた。数百万円かかるという。そんな貯えはない。「無理だ」と言ってやりすごした。

家賃引き下げの要求はことあるごとにくり返された。拒もうとすると、一括借り上げをやめると言われた。それは困るので応じざるを得なかった。手残りがさらに減り、やがてゼロ付近で行き来するようになる。生活費から持ち出して銀行返済の足しにするのが常態となった。生命保険や積み立て年金を解約して不足を補った。なけなしの金融財産はたちまち底をついた。

こうして新築から二〇年ちかくがたち、二〇一五年になった。懸命に返済してきたが、まだ六〇〇〇万円以上もの負債が残っている。そんなある日、大東建託がいつものように大規模修繕を求めてきた。資金がないのだと窮状を訴える山口さんに、本社から来たという大東建託の社員がはき捨てるように言った。

「どこも金貸してくれるところなんかないですよ」

そして宣告する。

「一括借り上げ契約を解除します」

この宣告からほどなくして解約は実行された。当時アパートは満室だったが、借り上げ契約を切られたとたんに入居者が次々と出ていった。家賃を踏み倒した者もいる。入金が激減して銀行返済は不可能となった。もはや頭を下げて返済を待ってもらうしかない。幸いというべきか、銀行は一時的な猶予に応じた。

なんとか自力で客づけしたかった。しかし運転資金不足で身動きがとれない。銀行の態度が急に変わってアパートと担保の自宅を競売にかけるのではないか。そんな不安におびえた。精神的に追いつめられ、自殺が頭にちらついた。両親の墓前で泣いた日もある。

一括借り上げ契約を解除されて銀行返済ができなくなり、絶望して自死を考えたこともあったという

最悪の選択を思いとどまることができたのは、ひとりの大東建託の社員がかけてくれた言葉のおかげだ。

「大東建託のためになんか死んではいけない」

絶望的な気持ちでいたあるとき、ふと彼はそう言った。営業とは関係のない部署の男性だった。いかにひどいことを会社がやっているかをよく知っていた。

「農地が多いこのあたりは簡単にだませる。支店内ではそんな見かたをしてますよ」

そんな内情を教えてくれた。

死んでたまるか、障害のある弟のためにもしっかり生きないといけないと山口さんは考え直した。『大東建託の内幕』の新聞広告を目にしたのはそのころである。著者にせめて話だけでも聞いてもらおうと出版社に電話をした。――

何時間にもわたる話にひと区切りがついた。「大東建託と銀行にだまされた」と山口さんはくり返した。それを聞きながら、まったくそのとおりだと私は思った。形の上でこそ大東建託と家主は対等な「事業者」である。しかし実際はちがう。圧倒的に巨大な企業と銀行が、ほとんど無防備の一市民に高額で高リスクの商品を売りつけ、資金を貸しつけて利益を挙げる。その結果、家主がどんな目に遭おうが知ったことではない。「後は野となれ山となれ」と言わんばかりの横暴な商売である。

秋の日は短い。駅に送ってもらうころにはすっかり日が暮れていた。発車の時刻が迫る。ひと気のまばらな駅の改札の向こう側から山口さんが言った。

「大東建託と銀行は許せない。世の中に知らせないといけない。しっかり書いてください」

終始沈んだ表情だった彼女がこのときだけは笑顔になった。

〈追記〉

その後山口さんは弁護士に相談し、経営再建の道も含めて解決方法を探っている。

※1　大東建託の家賃保証の仕組みは、従来は「共済会」に毎月一定金額を支払ってプールし、そこから保証金を出すという方法だったが、二〇〇六年以降は、同社子会社が一括借り上げをする方法に変更した。共済会当時の賃料集金や家主への支払いは大東建託が「代行」して行っていた。

※2　大東建託の社員らによれば、契約後すぐに着工できず、一定の期間時間がすぎると「保留」という凍結あつかいになって業績悪化をもたらすので、それを避けるために変更契約を行うことがあるという。

第2章　友人営業で「ランドセット」——築三年目の床上浸水で大損害

拙著『大東建託の内幕』は二〇一八年六月の刊行から一週間で初刷一五〇〇冊を完売し、毎月のように増刷を重ねてたちまち一万部を超えた。「大東建託商法」とでもいうべき同社の営業手法に対する世の関心の高さを、私はあらためて知らされた。読者からの反響が続々ととどいた。新築まもないアパートが浸水して大損害をした——という男性も同書を読んで連絡をくれた一人だ。同級生を通じた〝友人営業〟に勧誘され、事業費一億円を借り、あらたに土地を買ってアパート経営をはじめた。しかし当初から収支は厳しく、それに追い討ちをかける形で浸水被害に遭ったという。

同級生からの連絡

一〇連休となった黄金週間のさなかの二〇一九年五月はじめ、私は東北地方のN市を訪ねた。

近くに温泉地があることで知られている自然豊かな場所だ。

「アパートはここから三〇分ほどです。先にそちらをごらんになりますか」

太陽光線に新緑がまぶしく反射する街路樹の間を四輪駆動車で走りながら森内次郎さん（仮名、五〇歳代）が話す。田植えを終えたばかりの水田や作物の育った畑が車窓を流れていく。ごみごみした狭い空の都会から脱出したばかりの身にはやさしい光景だった。

川沿いの国道から脇道に入り、なんどか曲がった先の行き止まりの奥に森内さんのアパートはあった。裏手に雑木林の斜面が迫り、背丈ほどの雑草がしげっている。

「この山も私が買った土地です。大東（建託パートナーズ）が管理するはずなんですが、なかなかやってくれなくて。ごらんのとおりです」

枯れ草を踏みながら森内さんは斜面を上がる。鈍い羽音をたててスズメバチが飛んできた。思わず私は首をすくめる。

腰を落ち着けて話のできる場所を探そうと、また私たちは車に乗る。国道沿いを一五分ほど走ったところに大衆レストランがあった。昼食時をすぎていて客はまばらだ。まず食事を取り、店員に食器を片づけてもらってから、私はテーブルにノートと録音機を出し、森内さんの物語を聞く。

――小学校の同級生の男から久しぶりに連絡があったのは、東日本大震災と東京電力福島第一原発の大事故の発生から間もない二〇一一年四月のことだった。

森内さん（仮名）が「ランドセット」方式で建てたアパートと購入した山林

「大東建託○○支店建築営業課」

同級生が差し出した名刺にはそう書かれていた。彼は地元の学校を卒業してから首都圏の企業に就職したものの、最近リストラで退職したと聞いていた。その後どうしたのかと案じていたところだった。

「勤務地は自宅近くの支店だ。通勤は便利だし社会保険もある。給料もまともに出ている。いい職場だ」

近況を語る同級生の表情は明るかった。五〇歳をすぎて正社員の仕事はなかなかない。仕事がみつかってよかったと森内さんは自分のことのようにうれしかった。同級生が以前やっていた仕事も営業だ。「同じ営業だから合っているんじゃないか」と思った。

　ただ、「大東建託」という会社名に一抹の不安を感じたのも事実だ。この会社については、取引先からよくない噂を耳にしたことがある。倉庫を建てて一括借り上げで経営したところトラブルになった、営業のやり方がものすごく強引だった、という話だった。社員の待遇がすこぶる悪いというのも聞いている。

「大東建託というのは問題がある会社じゃないのか」

　森内さんが心配してたずねると、同級生はきっぱりと否定した。

「昔ほどはひどくない。先輩もよくしてくれる」

　なるほど、そうかもしれないと森内さんは考え直した。たしかに悪い評判を耳にしたのは何十年も前のことだ。最近テレビでコマーシャルをよくみかけるが、その印象は悪くない。株式上場したので、きっと悪い部分はあらためられたのだろう――。

「安くていい土地がある」

　同級生が連絡してきた目的は、じつは近況報告よりも「営業」にあった。ひとしきりしてから彼は切り出した。

「大東建託でアパートを建てて経営してみないか」

　寝耳に水の話に森内さんはおどろいた。アパート経営などに興味はなかったし、だいたい建てる土地がない。そう伝えると、すでに事情を知っているのか、こう言った。

「土地を買って建てればよい。じつは〝出もの〟がある。安くていい土地だ。家賃収入が入るぞ」

自己所有の土地にアパートを建て、一括借り上げをして経営するのが一般的な大東建託の商品だ。これに対して、土地をあらたに購入してそこにアパートを建て、一括借り上げで経営するのが「ランドセット」と呼ばれる変則的な商品だ。同級生が勧めたのはランドセットだった。

もともとアパート経営に興味のなかった森内さんだが、一応話を聞いてみることにした。同級生なのでむげにはしたくなかった。加えて「収入」に惹かれたのも事実だ。

まず、「立地審査」という社内手続き書類に同意してほしいというので同意の署名をした。つづいて、日をあらためて、〝出もの〟の土地を見学した。同級生の車で連れていかれたところは雑草が生い茂る山林だった。道路もなければ電気や水道もきていない。一番近い家まで一〇〇メートル以上も離れている。

「ゴルフ練習場にいいんじゃないか」

それが森内さんの第一印象だった。雑木林の斜面はボールを打ち上げるのにはよさそうだ。広さは一二〇〇坪もある。斜面の下の低い部分が五〇〇坪ほど平らになっており、そこにアパートを建てればよいと同級生は言った。土地の価格は三〇〇〇万円ほどだという。不動産取引の素人である森内さんには安く感じられた。

アパートをやると決めたわけではなかったが、はっきり返事をしないうちにずるずると話が進んでいく。

　土地を見学してから約二週間後、同級生は「事業計画書」という書類を持って自宅を訪ねてきた。計画書の内容はこうだ。

〈二棟一〇戸、総工費は約八〇〇〇万円。資金はすべて融資でまかなう。銀行返済など経費を差し引くと毎月一〇万円あまりの利益（手残り）が出る。三〇年後の完済後には利益は月四〇万円になる――〉

　一二〇〇坪で三〇〇万円は安い。いったんはそう思った土地だが、じつは余分な経費がかかることを森内さんは計画書を読んで知った。あらたに一〇〇メートルの道を作り、そこに上下水道を敷設する必要があったのだ。工事費用は約七〇〇万円。工費を含めた実質の土地代は一〇〇〇万円ということになる。

　同級生は毎日のように訪れては契約するように勧めた。支店長ら上司もやってきた。そして同じことをくり返した。

「ぜったいに大丈夫です」

　森内さんは不安だった。東京電力福島第一原発が起こした大事故の影響で、N市では多くの住民が流出してゴーストタウンのようになっていた。こんなところでアパートをやってうまくいくのだろうか。事故が収束して町に人が戻ってきたとしても、長期的には人口が減るといわれている地域である。八〇〇〇万円以上もの借金を背負ってやるには躊躇があった。「家賃が下がることはないのか。また、銀行の金利が上がって返済できなくなることはないのか」

心配する森内さんに同級生や支店長はきっぱりと言った。

「家賃保証があるから大丈夫です」

二〇一一年七月某日。同級生が連絡してきてから約三ヵ月後、森内さんはとうとう契約書に署名・捺印する。不安が消えたわけではなかったが、再就職した同級生の力になってやりたいという気持ちが後押しした。また、手間暇をかけさせた手前、いまさら断りづらい心境でもあった。

「水害保険は不要」と社員

いったん契約すると、同級生ら営業社員の動きは静かになった。たまに連絡があると「契約変更」の話だった。三度ほど契約変更を行った。変更のたびに金額が少しずつ上がり、最終的な事業費は、当初より一〇〇〇万円増の九〇〇〇万円となった。

やがて、「群馬銀行が約一％の変動金利で融資する」との連絡が同級生からあり、森内さんは言われるとおりに手続きをした。あわただしく建設がはじまる。と、急に同級生が姿をみせなくなった。不思議に思ってほかの社員に事情を聞くと、病気で倒れてしまったという。森内さんは再びおどろいた。

同級生は森内さんの担当だったのだが、彼を不在にしたまま工事は行われ、二〇一二年夏、二棟一〇戸のアパートが完成する。同級生が退社したと伝え聞いたのは完成後のことだ。それ以後、音信不通となってしまう。

森内さんは大東建託の子会社「大東建託パートナーズ」と一括借り上げ契約を交わし、アパート経営をはじめる。設定された家賃は約五万円。地域がらそれ以上はとれないらしい。管理料など一〇％が差し引かれ、借り上げ賃料として約四〇万円が毎月入金される。賃料の額は、当初一〇年間が固定で、以後は見直しができると定めた契約内容である。

賃貸開始にあたって建物に保険をかける必要があった。新しい担当社員は森内さんにこう言った。

「近くに川がないので、水害保険は必要ありません」

地震保険と火災保険だけかければよいという。水害保険は掛け金が割高で、加入すると月の手残りが一〇万円を切りそうだ。それは不安だった。大東建託の社員が言うのだからまちがいないと森内さんは考え、水害保険をはずした。

順調に部屋は埋まり、入金がはじまった。月々の銀行返済が約三〇万円ある。この返済金と経費を差し引いて月一〇万円余りが手元に残った。そこから固定資産税や所得税を払うと、年間の利益は七〇～八〇万円というところだった。多くはないが予定どおりだ。こんなものだろうと森内さんは安心した。

疑問続々

最初の疑問は一年後に生じた。地元のN市からとどいた固定資産税の納入通知に目を疑った。四〇万円もの請求がきている。そんなに高いとは思ってもいなかった。調べてみると原因がわかった。アパートや駐車場の敷地だけでなく、自費で工事した道路部分にも課税されている。てっきり道路部分はN市に寄付したものとばかり思っていたのだが、誤解だったのだ。

道路を市に寄付すれば税金がかからないだけでなく、舗装や溝、地下に埋設している水道の管理も市がやってくれるはずだ、いまからでも寄付したほうが得だと考えて、市に問い合わせた。返ってきた答えはこうだ。

〈市に寄付する場合は、市の規格にあわせて工事をやる必要がある。現状では受け取ることができない〉

森内さんはがっかりした。

二年後には別の問題が起きた。排水用のポンプが故障し、交換費用が数十万円かかると大東建託から連絡があった。このときまでそんなポンプがあることすら知らなかった。アパートを建てた場所は土地が低く、重力だけで下水管に排水することができない。電動ポンプで強制的に汲みあげる「ポンプアップ」という方法をとっていたのだ。やむなく費用を払って修理した。釈然としなかったので知り合いの工事業者に意見を聞いた。知人は現場を見てから言った。

「ふつうはこういうやりかたはしない。浄化槽をつくるか、アパートの敷地に盛り土をして地上げするのが一般的ですよ」

停電や故障でポンプが動かなくなるとトイレや生活排水が流れない。そんな不便な構造になっていることについて、同級生もその上司も説明しなかった。そんな大事なことをなぜ教えてくれないのかと森内さんは腹立たしく思った。

排水ポンプはその後も二〜三年ごとに故障をくり返し、森内さんを悩ませる。

経営開始後に気づいた問題はまだある。入退去があると二週間は家賃が払われないという。この仕組みを森内さんは理解していなかった。

そして築三年目の二〇一五年、それまでとは比べ物にならないほどの出費を強いられる。豪雨災害にみまわれてアパートが床上浸水してしまったのだ。近くの溜池があふれ出したのが原因らしい。二棟とも緊急に大修理をしなければならなくなった。大東建託が出した見積もり額は約一五〇〇万円。加えて、住民の一時退去に伴う家賃の損失が約七〇万円発生した。契約上、修理期間の三ヵ月は家賃保証がないことにも、このときに気づいた。

「水害保険に入っておくんだった」

そう後悔したが後の祭りだ。水害保険に入らなくてよいと助言した社員はすでに支店を異動していて連絡がつかなかった。修理費の一五〇〇万円は大東建託子会社の大東ファイナンスからの融資でまかなった。都合、借り入れ総額は一億円を超えた。

下がっていた「転貸家賃」

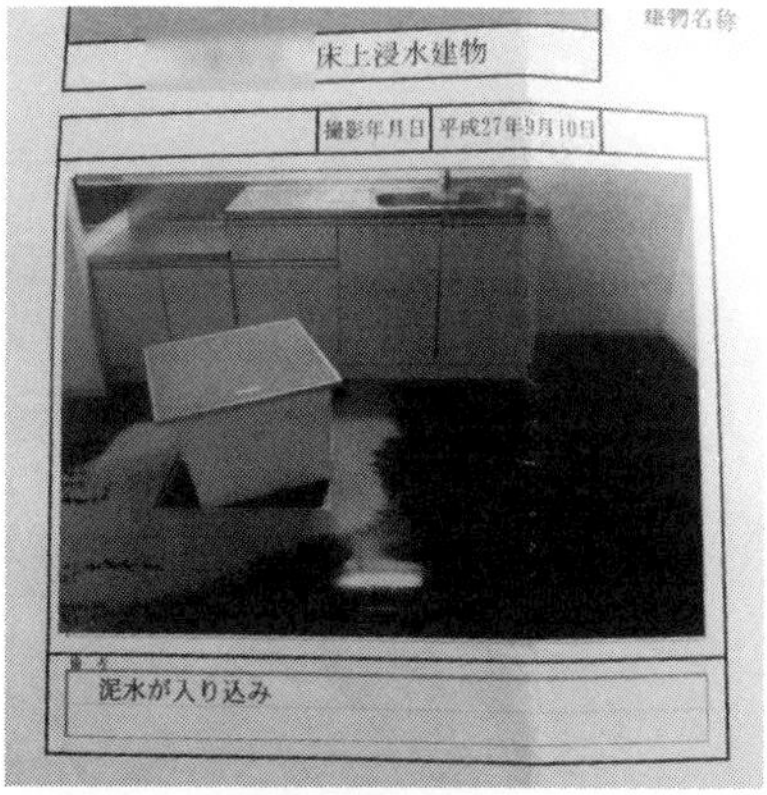

床上浸水の被害状況を報告した大東建託パートナーズの書類

こうして七年あまりの月日がすぎ、二〇一九年になった。当初の試算では残債務が七〇〇〇万円を切っているころだが、実際には八〇〇〇万円以上も残っている。将来の見通しに不安を感じた森内さんは、知人の助言で「転貸家賃」の推移を調べることにした。

大東建託パートナーズが家主に払う「借り上げ家賃」に対して、入居者が大東建託パートナーズに払う家賃が「転貸家賃」である。

一括借り上げ契約により一〇年間は借り上げ家賃の額が「固定」されるから、家主は一〇年間は安心しがちだ。ところが、入居が厳しい物件の場合は、一〇年間の家賃保証期間中であっても、借り上げ家賃を据え置いたまま転貸家賃を引き下げることがある。入居者から受け取る額よりも家主に払うほうが多くなるのだが、そうでもしないと客づけができないときに行われる。

入居者にいくらで貸しているかという転貸家賃の額は家主に報告される。森内さんは定期的に送られてくる過去の報告書を探し出してよく読んでみた。案の定、入退去のたびに数千円ずつ下げられていることに気づいた。借り上げ家賃より最大で六〇〇〇円も安くなっている。

この「一〇年間の家賃保証中の転貸家賃引き下げ」が意味するところは明白だ。一〇年がすぎて家賃固定の縛りがなくなったとたん、借り上げ家賃額を一気に下げてくるにちがいない。一〇年まであと二年ほどだ。

「家賃収入が下がれば銀行返済ができなくなるかもしれない…」

不安は一気にふくらんだ。

契約時に見せられた事業計画書というのは、三〇年間いつも満室でかつ賃料が下がらないという設定になっていた。後になってよく考えれば非現実的な話である。古くなれば、空き室が増え、家賃が下落するのがふつうだろう。修繕費もかさむ。

それでも契約したのは、「大丈夫です」と何度も言われるうちに「なんとかなるだろう」と楽観的な気分になってしまったからだ。同級生も支店長も、家賃下落の「リスク」があることはおくびにも出さなかった。

「大東建託にだまされた。同級生でなかったらぜったいにやらなかった。最初からもうかるとは思っていなかった。損しなきゃいいくらいの気持ちでやった。友人の力になってやろうというのが大きかった。しかし甘かった。あそこまでずるい会社とは思わなかった」

森内さんは以上のように語った。

二二年で減価償却が終わる

森内さんのケースについて、私はある大東建託元支店長に意見を求めた。彼は次のように言った。

「一億円の事業で月の手残りが一〇万円あまりしかないということは、利回りでみると一％です。そんな事業は最初から無理です。デフォルト（債務の弁済ができない状態）する危険が高い。業績のために無理を承知でやったのでしょう。大東建託はそんなのばかりですから」

さらにこうつづけた。

「木造アパートは二二年で減価償却が終わります。以後、アパートのオーナーはそれまでよりも格段に高い所得税を払わなければならなくなります。一億円の事業で新築時点の手取りが一〇万円あまりしかないのなら、遅くてもこの時点で収支が逆転するでしょう」

事業として無理であることが最初から明白だというのだ。採算が厳しいアパートをかかえた家主に打つ手はあるのか。この質問に対する元支店長の回答はこうだ。

「デフォルトに備えて家賃収入から資金を貯えておくことです。そして、大東建託に損害賠償を請求する裁判などの準備をはじめておく必要があるかもしれません」

東京に戻った私に森内さんから電話があった。弁護士や不動産業者に相談するなどして、なにかいい解決策はないかと勉強をはじめたという。

「不安だが、自分で契約した以上、立ち向かわないといけないと思っています」

いくぶん明るさを帯びた声を聞いて私は少し安心した。

第3章 保証人狙いの養子縁組迫り「夜間待ち伏せ」の無法営業

二〇一八年秋、レオパレス21の違法建築が新聞やテレビで報じられ、大きな社会問題に発展した。だがレオパレスよりもはるかに規模の大きい大東建託については、あいかわらず批判的な報道はほとんどなかった。そうしたなか、岩手県の女性から情報が寄せられた。彼女の叔父に対して、採算が厳しそうな総額一億円のアパート建設計画を大東建託がしきりに勧誘、叔父の息子が保証人になることを拒んだところ、相続関係のないこの女性に養子縁組を持ちかけた。女性が断ると、大東建託の社員は夜間自宅に張り込んで「待ち伏せ」をしたという。これまで聞いたことのない強引な営業手法だった。

「いま大東建託が来ている」

折からの台風接近で曇天となった二〇一八年九月下旬の土曜日、私は大宮発の東北新幹線で岩手県I市に向かった。車窓に広がる住宅密集地は、やがて刈り入れを待つ田園風景に変わる。数時間後に降り立った駅は、週末の昼にもかかわらずひと気が少なかった。半そででは少し肌寒い。

「昨日の夜は冷えました。ストーブを出したんです」

出迎えてくれた横水淳子さん（仮名、三〇歳代）が小型自動車を運転しながら言う。

横水さんは大東建託に〝待ち伏せ営業〟をされた被害者である。叔父が同社の勧誘でアパート建設を計画し、そこに巻きこまれた。

自動車はやがて駐車場を広く取ったファミリーレストランに入る。この店で私は横水さんからくわしい事情を聞いた。

――二〇一八年九月一一日のちょうど正午ごろのことだった。勤務先で仕事をしていた横水さんの携帯電話に叔父が電話をかけてきた。叔父とは普段ほとんど会話がない。なんだろうと思って応答すると、叔父は唐突に言った。

「いま大東建託が来ている。説明をしているから来てほしい」

大東建託と聞いた瞬間、いやな予感がした。叔父には耕作をやめた農地がある。そこにアパートを建てるという話にちがいない。似た話はこれまで何度もあった。不動産業者の営業マンが訪ねてきては、「アパートをやらないか」「売らないか」と持ちかけた。レオパレス21や大東建託も来た。叔父の家だけではない。近くに住む姪の横水さんのところにも営業マンは押しかけた。しかし、叔父も横水さんもすべて断ってきた。こんなところでアパートをやってもうまくいくはずがないと思っていたからだ。

その叔父が大東建託の社員と会っている。どういう事情かはわからないが、急にやる気になったのかもしれない。

「だまされているのではないか」

胸さわぎをおぼえた横水さんは、仕事を抜け、車を飛ばして叔父の自宅に向かった。

叔父宅に着いて部屋に入ると、背広姿の男が二人来ていた。出された名刺には「大東建託北上支店」とあった。若いほうの社員は「建築営業」、中年の社員は「建築営業課課長」と、それぞれ肩書きがついている。

叔父はというと、大判の資料に目を落としていた。アパートの計画が書かれた書類のようだ。大東建託の二人は横水さんの到着を待ちかねていた様子で、熱心に説明をはじめた。

〈一棟四戸、一棟六戸の計二棟を建てて、大東建託が一括で三五年間借り上げる。総事業費は一億円あまり。銀行から借り入れる。毎月の家賃収入は五二万円。返済後の手残りが月に約一五万円。空き部屋があっても保証する。銀行返済が三〇年で終わったあとは、すべて家賃収入になる――〉

そんなにうまくいくはずがなかろうと、なかばうんざりしながら横水さんは聞き流した。人口が減っている町の、そのなかでも活気に乏しいこのあたりで「アパート経営」が成功する理由がない。建設業に携わる知人もそう言っていたし、叔父もわかっているはずだ。

「ここでアパートやってもうまくいくとは思えない」

横水さんは思ったことを率直に言った。大東建託社員はこう返した。

「この場所は利便性がいいから入ります」

なぜ「入ります」と断言できるのか、根拠を聞いた。はっきりとした説明はない。それでも社員は自信ありげにつづけた。

「これまでよりも収入が増えますから…」

傍らの叔父を見ると、アパートをやりたくて仕方がないといった様子でそわそわしていた。どうやら「収入」に魅せられてしまったらしい。

いやな予感

叔父は代々つづいてきた農家の生まれだが、自身はずっとサラリーマンだった。一八歳で大手企業の電子部品工場に勤め、規模縮小方針に伴って五〇歳代で早期退職した。いまから一五年ほど前のことだ。退職後は特に仕事をせず、ときどき釣りにいくなどして、高齢の実母といっしょにのんびりと暮らしている。農地は、叔父の父親が亡くなってからは耕作をしていない。まとまった退職金が出た上に、年金が実母の分と二人あわせて月に一五万円くらいある。

田舎の生活は金がかからない。土地の固定資産税も農地なので安い。贅沢をしなければ十分に暮らしていけるはずだ。その上どうして収入が必要なのか。横水さんは叔父を問いただした。

「固定資産税も増える。所得税もくる。国民健康保険料も増える。いまさらアパート建てていったい何がしたいの？」

「収入が増えます」

大東建託の社員が口を挟んだ。その言葉に励まされるように、叔父が妙な言い方をした。

「お金がないんだ。このままいけば〝じり貧〟だから」

「じり貧」などという言葉は、これまで叔父の口から聞いたことがなかった。大東建託の社員に教わったものにちがいなかった。酒を飲みにいくわけでもない、出費のかかる趣味もない。金が足りない理由はわからなかった。わざわざ一億円の借金を抱えこむ理由がどこにあるのか。だが叔父はすっかり大東建託に心酔している。

ため息の出る思いで、横水さんは大東建託の社員らに向かって疑問をぶつけた。

「三五年間の一括借り上げで銀行の返済が三〇年。返済を終えたら五〇万円前後の家賃収入が毎月入る。この見通しは本当に信用できるのか。三五年借り上げといっても、建物がぼろくなったらどうなるのか。誰も入らないのではないか」

課長が答えた。

「三五年たってもお客さんの紹介をしないわけではないですよ」

納得しかねる説明だ。三五年もの歳月を経た木造の建物が、そのままで入居者を募集できる状態にあるはずがない。

アパートの入居者をめぐってトラブルに悩まされる心配もあった。叔父は七〇歳だ。年を取って動きにくくなれば、結局近くに住む横水さんがアパートの世話をしなくてはならなくなる。働きに出ているのでそんな余裕はない。

「ゴミや駐車、騒音の問題が起きる。田舎なので大家が裏に住んでいるのはすぐわかる。何もしないわけにはいかない。負担が増えるんじゃないですか」

この心配に対しては、社員らは次のように言った。

「大家さんは何もしなくていい。管理契約をしていますから」

この話も疑わしいと横水さんは思った。社員らの所属する北上支店は、ここから車で一時間もかかるところにある。連絡して来てもらうよりは自分でやったほうが早い。田舎の狭い社会なので悪い評判が立つと暮らしにくい。アパートで何かあれば放っておくわけにはいかない。どう考えてもいいことはない。そう感じた横水さんは叔父に言った。

「お金が必要だったら土地を売ればいいんじゃないの」

また社員が助け船を出した。

「売ったらそのときだけです。アパートをやれば一生お金が入りますから」

叔父が「そうだ」と言いたげな顔をした。姪の苦言はまったく聞こえていない。もはや何を言っても無駄だとあきらめた。

「(叔父の)息子がいいと言うならいいんじゃないの」

そう言い残して横水さんは席を立った。叔父には都会に出ていった息子がいる。相続人の彼が同意しない限りアパート計画は進まない。そして、息子は同意しないだろう。

いやな気持ちを引きずりながら横水さんは叔父宅を出た。大東建託の社員が追いかけてきて電話番号を聞いてきた。一瞬躊躇したが、「嫌なら出なければいいか」と考えて番号を伝えた。そして念を押した。

「叔父がやりたきゃやればいいが、こっちに被害がこなきゃいいです」

「わかりました」と二人は答えた。

一億円の借金のために「養子縁組」

だが、結局横水さんは「被害」に遭う。

翌九月一二日の昼、勤務先にいた横水さんが昼ご飯を食べようとしたとき、携帯電話に着信があった。大東建託からだ。応答しようか迷ったが、出ることにした。電話口の声は若いほうの営業担当社員だった。「課長に代わります」と言ってすぐに建築営業課長に代わった。

「やっぱり、息子さんダメでした」

課長は残念そうに報告した。

「そうですか」

答えながら横水さんは内心ほっとした。これで計画は白紙だ。叔父は一億円の借金をしなくてもよい。用件が済んだので電話を切ろうとすると、課長は話をつづけた。

「書類を持ってうかがいたいのですが。ご説明したいことがあります」

強い口調だった。つい気圧《けお》された横水さんは、「説明を聞くだけならいいか」と考えて訪問を承諾した。しかし、電話を切ってから後悔した。叔父のやるアパート計画である。子どもでもないのに姪の自分がどうしてかかわらなければならないのか。考えれば考えるほど不愉快な気分になってくる。

横水さんは思い直し、支店に電話をかけて課長の訪問を断った。

以後数日間は何もなかったが、九月一七日の朝一〇時、叔父が電話をかけてきた。そして唐突に妙なことを言った。

「養子縁組をしてほしい」

「なんで?」

横水さんはおどろいた。

「養子縁組をすれば俺の財産がお前にもいく」

財産といっても、資産価値の乏しい農地くらいしかない。意味がよくわからない。

「息子は知っているの？」

横水さんは尋ねた。

「知らない」と叔父は答えた。

どうも話が要領を得ない。叔父宅に行って直接話を聞いてみたが、やはりよくわからない。「お金がないから」という言葉も出た。とにかく急いでいる様子がありありとうかがえた。不自然さが態度に現れている。

何か隠していると思った横水さんは、答えを保留して叔父の身辺を調べてみた。案の定、重要な事実がわかった。すでに大東建託との間で、一億円のアパートを建てる内容の仮契約（注文）をしているではないか。三〇〇万円の注文金も払っている。

これですべてが読めた。高齢の叔父だけでは融資がつかない。保証人や相続人となる若い人が必要だ。叔父の息子は協力を断っている。そこで、養子縁組によって姪の横水さんを相続人にし、融資を通そうというのだろう。要は借金を背負わせるための養子縁組計画なのだ。財産をもらうどころの話ではない。

そんな小細工をする知恵が叔父にあるはずがなかった。大東建託の差し金とみてまちがいない。そこまでする会社なのかと横水さんは怖くなった。

断ると「待ち伏せ」

真相に気づいた横水さんは叔父にきっぱりと告げた。

「養子縁組はしないよ」

「やっぱりそうだよな。一億円借金するんだものな」

叔父は言った。このアパート計画には無理があることを、ようやく叔父本人も気づきはじめた様子だった。

だが、これで大東建託があきらめるとは思えなかった。養子縁組をするよう叔父を口説いてくるのではないかと横水さんは不安だった。どうしたらよいものかと職場の上司に相談してみた。上司はこう助言した。

「消費生活センターに聞いてみたらどうか」

助言に従って横水さんはもよりの消費生活センターに行って事情を話した。応対した相談員は、ひととおり聞くと言った。

「ひどいですね。本社に苦情を言ったらどうでしょうか」

なるほど、そういう手があったかと、横水さんは大東建託本社に電話をかけることにした。それを実行する矢先に事件は起きた。

九月二〇日のことだった。この日の午後、仕事中だった横水さんの携帯電話に大東建託から

夜間、大東建託の社員が自宅近くで「待ち伏せ」していた様子を説明する横水さん（仮名）

着信があった。養子縁組の件だと察し、応答せずに放置した。夕刻になり、仕事を終えた横水さんは買い物をして車で帰宅した。自宅に到着したのが午後六時半ごろ。あたりは暗く人の気配もない。横水さんはいつものように家の前で車を停め、降りようとした。そのとき、少し離れたところで車のライトが光るのが見えた。普段は車の通行はない場所だ。

「大東建託が来ている」

横水さんは戦慄し、車中で身を縮めるようにしてシートの下に隠れた。ドアをしめる音を響かせて二人の男が近づいてくるのが気配でわかった。ひとりは自宅のほうに行き、「こんばんは」と声をかけている。もうひとりは横水さんがいる車のほうに来て、ボンネット越しに車内を覗きはじめた。暗闇で横水さんの存在には気づかないらしい。ふと電話がかかってきた。まちがいない。大東建託の社員からだ。着信音は消していたが、スマートフォンなので派手に光る。あわてて足下に隠した。

三〇分もそうしていただろうか。社員らはようやく引き揚げていった。男たちがいなくなったのを確かめて、横水さんはそっと車を出て家に入った。

ゆっくりはしていられない、また戻ってくる、家から逃げなければならない――と気が気でなかった。車で逃げるとまた待ち伏せされかもしれない。そう考えて、気づかれないように歩いて家を脱出することにした。しのび足で裏口から出かけた。そのとたん、そばの空き地で車がUターンした。社員らは帰らずに見張っていたのだ。横水さんは家に戻りふたたび息をひそめた。案の定、すぐに玄関口で物音がした。

「こんばんは」

男の声がした。大東建託の社員だ。横水さんは物音をたてずにじっとしてやりすごした。しばらくすると、帰っていったのがわかった。まだ安心はできない。会社の先輩に電話をかけて迎えにきてもらい、夜中の一二時まで先輩宅に避難した。

本社への抗議

不安な一夜が明けた九月二一日、横水さんは大東建託本社の無料電話にかけて苦情を訴えた。

「待ち伏せされた。いったい、どういう営業をしているのですか」

「はい…そうですか」

応答した社員は名乗ることもせず、緊張感ない様子で受け答えをした。

「弁護士に相談したり、警察よびますよ」

「ああ、はい」

「あなたのお名前は？」

「ああ、Hです」

本社に言っただけでは不十分だと感じた横水さんは、ふたたび消費生活センターに相談した。相談員は「悪質ですね。こっちでも対応します」と親切に言った。聞けば、大東建託に関する苦情がたくさん来ているとのことだった。

本社と消費生活センターへの通報が功を奏したのか、以後は何もなくなり、横水さんはようやく平穏な暮らしを取り戻した。

「とても怖い思いをしました。もっと被害を受けている人がほかにいるんじゃないでしょうか。I市は消滅都市にあげられているほど人口の減っている町です。そんなところの農地にアパートをたくさん建てても、うまくいくはずがない。地元にいればわかります。とんでもない会社だと思う」――

横水さんからひととおり事情を聞いた私は、問題の「予定地」に案内してもらった。

放置水田の間に民家やアパートが点在する町外れにその土地はあった。作物はなく雑草が短く刈られている。耕作をやめて五〜六年になるという。農機具小屋のトラクターには錆びが浮き、白くホコリが積もっている。辺りに商店の類はない。人通りもほとんどなく閑散としている。

「こんなところにアパートを建てても入居する人がいるのか疑問です。近所にはすでに大東建託のアパートを建てた農家がいるが、空き部屋が出て困っているらしい」

横水さんが話す。たしかにアパート経営には難しい場所だろうと私も感じた。

無法営業の背景に「九月決算」か

子どもが反対している計画を、相続関係のない親族に養子縁組を持ちかけてまで強行をはかるとは尋常ではない。なぜそこまで無理をするのか。東京に帰った私は、支店長経験のある知人の男性に意見を求めた。彼は言った。

「九月決算ですよ。ノルマが普段よりきつい。それで何がなんでも契約を取りたかったのでしょう。しかし、高齢のオーナーだけだと銀行の三〇年ローンは組めません。子どもなど若い人が保証人にならないと銀行は貸さない。子どもさんが反対したから、姪御さんを養子縁組して保証人にしようとしたのではないか。それにしても、家族の承諾がないのに注文とったのはおかしいですね。ふつうはやらない。社内手続上もあり得ません。おそらく、姪御さんを説得すればなんとかなるだろうという甘い考えで、先走ってやったのではないか。大東建託の建築営業課員はノルマに追われている、契約を取らないと給料減らされて生活できないくらい追いつめられる。だから待ち伏せでもなんでもやってしまうんです」

そして、この岩手県のI市で一億円を借りてアパートを経営する計画自体に無理があると元支店長は言う。

「国立社会保障・人口問題研究所の統計によれば、I市の人口予測は三〇年後でいまの六割です。家賃が大きく下がるのはまちがいない。一億円を金利年二％の三〇年で返済するとして、月の返済は三七万円くらいです。一括借り上げの家賃収入が月五二万円ですから手残りは一五万円。固定資産税や火災保険料などの経費を引くと手残りはせいぜい七～八万円じゃないでしょうか。一括借り上げ契約で一〇年間は家賃固定ですが、一〇年すぎると家賃の見直しができる。大幅下落は必至ですから収入が減って返済がきつくなる。金利が上がってもアウトです」

叔父の男性は、もともと自分の土地がアパートに向いていないとわかっていた。それが地域の常識感覚だ。それなのになぜ危ない計画に乗りかけたのか。この疑問に対しては、元支店長は次のように答えた。

「高齢者は孤独な生活をしている人が多い。子どもも近くにいない。そうすると若い社員が来るとつい心を許すんです。社員のなかにはいいやつもいます。しかし、彼らも追いつめられたら何でもやる。精神疾患になる者も多い。一番の問題は、利益をあげることにしか関心のない経営者ですよ」

　I市での取材場面にもどろう。問題のアパート計画の当事者である横水さんの叔父に、私は短時間ではあったが会うことができた。『大東建託の内幕』の本をわたすと、しばらく表紙をながめてから彼はぼつりと言った。

「大東建託はしつこかった。収入になるというので三〇万円払って注文した。でも息子が保証人になることを断り、姪も養子縁組を断った。一億円だものね。養子縁組は大東建託から勧められた。銀行の融資がでないのでアパートはできない。やらないことにした。大東建託は最近は来ていない」

　アパートはやめることにしたという。

「正しい選択だと思いますよ」

　私は率直な意見を伝えた。

二〇一八年一〇月五日午前、私は大東建託北上支店に電話で取材した。横水さんの叔父の件を担当した建築営業課長は不在だとのことで、担当社員が応答した。「後で連絡します」と彼は答えた。だがそれきり、大東建託から連絡はない。

第4章　かってに家賃保証を停止した大東建託の嘘

空室時の家賃保証を売りにしている大東建託が予告なしに賃料の入金を止めた。そんなトラブルに見まわれた家主が都内にいると聞き、会いにいった。借り上げ契約をしている大東建託パートナーズは、唐突に家賃の支払いを中止した上で「家賃引き下げに応じないと以後払わない」という趣旨の手紙を送りつけた。しかも、賃料引き下げの相談など一度もしていないにもかかわらず、「家主が相談に応じてくれなかった」と嘘をついたという。

空室家賃の支払い凍結

二〇一八年二月某日の早朝、待ち合わせ場所の東京・荻窪駅前のファミリーレストランに大川幹夫さん（仮名、五〇歳代）は現れ、ときおりあきれたように苦笑しながら、およそ次のとおり経緯を語った。

――大東建託の施工で、練馬区の古い木造家屋を壊して自宅付き賃貸マンションに建てかえたのが一二年前のことだった。建設費用は約一億一〇〇〇万円。貯金を崩して三〇〇〇万円の自己資金を入れ、残りの八〇〇〇万円弱を銀行融資でまかなった。賃貸しているのは2DK～3DKの四戸で、大東建託パートナーズが一括借り上げをして入居者に転貸している。大川さんに入る賃料は、満室の場合で駐車場代を入れて月に約四五万円。銀行への返済額は月に約三〇万円で、手残りが約一五万円あるという事業内容である。

何の連絡もないまま家賃保証を停止された状況を話す大川さん（仮名）

大東建託の一括借り上げ契約にはいくつか種類がある。借り上げ賃料の一〇年固定、つまり新築から一〇年間は家主に一定額を支払うのが一般的だが、大川さんの場合は、空室が出るたびに双方で協議して「適正賃料」を決めるという契約だった。

都心で場所もよいことから大川さんのアパート経営はこれまでおおむね順調だった。家賃もほとんど下げていない。固定資産税が年間八〇万円ほどかかるので純利益は一〇〇万円ほどしかないが、不安なくやってこれた。

そうしたなかで二〇一七年一一月末に3DKの部屋が空いた。一二万円で貸していた部屋である。じきに埋まるだろうと大川さんは楽観していた。広めの間取りは家族向きで、家賃補助の出る会社員などに需要がある。家賃保証があるので焦ることもない。

異変が起きたのは、空室が三ヵ月目に入った二〇一八年二月はじめのことだった。大東建託パートナーズから大川さんの元に一通の手紙がとどく。

〈転貸条件及び空室中借上賃料についてのご案内〉

…さて、既に弊社よりご説明申し上げておりますが、オーナー様から一括借り上げをさせて頂いております建物について、空室発生に伴う新たな入居者募集活動を実施するにあたり、現行賃料額を維持できるよう検討しましたが、誠に遺憾ながら周辺賃料相場の変動等により、募集賃料額の減額見直しが避けられない状況となっております。

ところが、オーナー様からは新たな募集賃料額にご同意が得られないため、新たな募集賃料額での入居者募集が実施されておらず、適正賃料等での入居者募集活動が実施されていることを前提とする「空室中借上賃料」の支払いもなされていない状況にあります。このような状況は弊社としても極めて望ましくないことと考えております。

つきましては、何卒、現在の周辺賃料相場をはじめとする諸般の状況についてご理解を頂き、募集賃料額の変更にご同意を賜ります様、本書面をもちまして重ねてお願い申し上げます。また、今後転貸条件（賃料等）の確認手続きが完了した場合の「空室中借上賃料」支払開始日は確認手続き完了の翌日となり、遡及してのお支払いはいたしかねますのでご了承ください。オーナー様の賃貸経営に資するよう努力してまいりますので、今後とも変わらぬご支援、ご鞭撻を賜ります様、お願い申し上げます。（後略、傍点は著者）

二〇一八年一月三一日

空室分の家賃保証は現在払っていない、賃料減額に同意しなければ今後も払わない、同意しても過去にさかのぼって払うことはしない、入居者の募集は停止中である——そういう趣旨のことが書いてある。大川さんはあわてて銀行に行って記帳した。案の定、入金されているとばかり思っていた空室分の家賃が入っていない。知らない間に入金を止められていたのだ。

送られてきた手紙をあらためて読んだ。

「オーナー様からは新たな募集賃料額にご同意が得られないため…」

この一文に目が留まった。

・賃料引き下げの提案をした。

・家主は同意しなかった。

そういうことらしい。強い違和感があった。同意もなにも、賃料の相談など受けたおぼえがないからだ。問題の3DKの部屋が空いたとき、大川さんは大東建託から家賃の見直しの相談があるかもしれないと考えていた。退去の都度「適正家賃」を話し合って決めるという契約だからだ。はたして、連絡を三ヵ月間待った結果、相談はなかった。

「交渉した」と嘘つく営業所長

なにが起きたのか事情がわからず、大川さんは大東建託パートナーズ本社に電話で問い合わせた。折り返して、練馬営業所のEという男性所長から電話があった。手紙がとどいてから約一週間後、二〇一八年二月六日朝のことである。

E所長　もしもし、大東建託パートナーズ練馬営業所のEと申します。いまお電話大丈夫でしょうか。

大川　はい。

E所長　先日本社のほうにご連絡をいただきました。募集賃料の件ですが、申しわけございませんでした。…手紙のほう送ってしまったということで申しわけございませんでした。

大川　約三ヵ月前に退去があって、（大東建託パートナーズからは）一度も連絡がないんですよ。私のほうに。

E所長　…なんどか連絡をさせていただいたと思うんですが…。

嘘をついている——大川さんは確信した。あらかじめ携帯電話の着信記録をたしかめておいたが、大東建託パートナーズからのものはない。そもそもE所長とはしばらく前のオーナー会で一度会って名刺をもらっただけで、顔も思い出せないくらいだ。話らしい話をした記憶はない。みえすいた嘘をつくとはどういうつもりなのか。腹立たしさをこらえながら大川さんは抗議する。

大川　連絡きてないですよ。着信みても。私は着信はぜんぶみてますから。着信もないですし、話も聞いたことない。オーナー会のときに名刺はいただいているかと思うんですよ。どなたかはっきりと覚えていないんですが。

E所長　…はいはい…。

大川　そういう状態でいきなり募集を止めてますよという連絡、手紙がくること自体が問題ですよ。

E所長　はい…。

大川　ほかでもやっているんですか？

E所長　はい、それは…ない。本当に申しわけございません。あの、本当にこのたびは…。

営業所長は、あっさりと「自白」した。家賃交渉など一度もしていない。それなのに、交渉したが同意が得られなかったと嘘をつき、入金と募集を一方的に止めた。そのうえで家賃の引き下げを迫った。そうした不正行為を事実上認めた。

空室率下げるための禁じ手

じつは、大川さんは大東建託の元社員だ。支店長をやっていたこともある。だから一括借上げの仕組みを熟知していた。近隣相場に照らしてどうしても家賃を下げる必要がある場合は、家主に連絡して交渉する。据え置くときは連絡しない。それがまっとうなやり方だ。

家賃を下げたいのであれば、なぜE所長は連絡してこなかったのか。すぐにばれる不正をなぜはたらいたのか。この不可解な行動について、大川さんは元社員としてこう考える。

「私が元大東建託の社員なので、家賃交渉に手こずる、時間がかかると思ったんじゃないでしょうか。この地主手ごわそうだからと。とりあえず先に空室家賃を止めてしまえば家主はあわてる。それから電話で〝家賃下げます〟と言えば簡単に応じるとでも考えたんじゃないでしょうか。想像ですけど。そうでも考えなければ理解できません。ふつうは先に連絡してきますよ。おそらくあちこちでやっていると思う。気の弱いオーナーなら言いなりになります。どんどん簡単に家賃を下げられている人がいるんじゃないか。それが心配です」――
大川さんの話は以上のとおりである。

厳しいノルマか

嘘をついて家賃の支払いを勝手に止めるなど、上場企業のやることだろうか。私はおどろいた。背景事情を知りたいと思っていたところ、E営業所長と仕事をしたことのある大東建託元社員A氏の話を聞くことができた。A氏は次のように話した。

「Eはまじめな男でしたよ。よほどノルマに追いつめられたのではないでしょうか。三月末の決算期前には高い入居率を発表しないといけない。空室率を下げろというノルマに追われていた可能性があります。ボーナスにも影響しますから。手っ取り早く客づけをする方法が家賃の引き下げです。しかし家主は家賃を下げたくない。当然交渉となる。時間と手間がかかる。だから、交渉したことにして空室家賃の支払いを止め、再開してほしければ引き下げをのめという手に出たのかもしれません。本来なら、空き部屋ができたときにまずやるべきは自助努力による客づけです。賃貸営業課（現大東建託リーシング）と協力して、敷金や礼金をゼロにする、フリーレント（家賃の更新料などを無料にする）を打つといったサービスで入居を呼びかけて、家賃を下げずに募集するんです。そうやっても入らないときは家主さんに言って〝すみません、

大東建託パートナーズ練馬営業所（東京都練馬区）

いろいろ自助努力もしましたがだめでした。相場こうですから〟と家賃引き下げをお願いする。それでも応じてもらえないときは、家賃保証をいったん止めますがいいですかと。それからはずす。最後の手段です。交渉抜きで家賃を止めるなどあってはならない話です」

大東建託の決算報告書によれば、二〇一八年三月期の管理戸数は一〇〇万戸以上だという。二〇一三年三月期は七四万七〇〇〇戸だった。五年間で三五%も増えている。管理戸数の急増に対して社員の数はそれほど変わっていないから、激務ぶりは想像に難くない。

大川さんの事件を取材した後、神奈川の支店でも同様の事件が起きていたとの情報が伝わってきた。家主といっさい交渉することなく、一方的に空室の家賃保証を打ち切る通告文を送りつけたという。「入金してほしかったら家賃引き下げをのめ」というやり方である。「あちこちでやっていると思う」という大川さんの懸念は正鵠を射ているようにみえる。

なお、私は二〇一九年五月一〇日付で、大東建託および大東建託パートナーズに宛ててメールで以下の質問を送った。

大東建託（パートナーズ）御中

1　大東建託パートナーズ練馬営業所で、今年2月、家賃交渉をいっさいしていないにもかかわらず、交渉したが同意が得られなかった旨虚偽の説明を行い、家賃保証の入金を止めた上で、家賃引き下げの同意を求めたという事実がありますか。
2　（1が事実であれば）社内手続き上問題があるとお考えですか。
3　（1が事実であれば）調査・関係者の処分等、監督官庁への報告等は行いましたか。
4　（1が事実であれば）ほかにも同様の事例は起きていますか。
5　（1が事実であれば）今回の件を受けて御社の見解をお聞かせください。

以上

はたして、大東建託と大東建託パートナーズからの回答はなかった。

〈追記〉

その後、大川さんは大東建託と粘り強く交渉し、止められていた空室家賃を過去にさかのぼって払わせることに成功した。一方で家賃の減額については協議の末やむを得ず承諾した。不正行為をされた上での減額には納得できなかったが、銀行の返済を考えて現実的に判断した。

第5章 謎の異音が鳴る 大東建託の欠陥マンション

二〇一九年六月、大東建託の新築マンションで耐え難い原因不明の異音に悩まされているという入居者の女性とツイッターを介して知り合った。同社の対応のひどさに憤慨していた。いったいどんなマンションなのか、はたして家主《オーナー》は、建物の問題について知らされているのだろうか。そんなことを考えながら、私は女性の話を聞くために九州に向かった。

火山灰対策

九州新幹線をC駅で降りて外に出ると、気のせいかホコリっぽく感じた。頬を触ると肌がざらざらする。

「最近S山の火山活動が活発なんですよ」

駅ビルの喫茶店で私を出迎えた山本有紀さん（仮名、五〇歳代）が笑いながらそう言い、大東建託のマンションに悩まされている様子を語った。

——九州のC市に山本さんが移り住んだのは三ヵ月前、二〇一九年三月のことだった。住居の賃貸アパートを選ぶにあたって考慮したのが「機密性」だ。火山灰が大変だと地元の人から聞いていた。

曰く、風向きを常に気にしている、晴れでも窓を開ける習慣はない、閉め切っていても家具や床が火山灰でざらざらになる、洗濯物はいつも部屋のなかに干す。

「いい物件がある」と不動産屋に勧められたのが大東建託のマンションだった。築一年半と新築同然。１ＤＫで七万五〇〇〇円の家賃は相場より高めだが、その理由は「高気密マンション」という最新の構造にあると説明された。

従来のものは部屋を閉めていても建具の隙間から火山灰やホコリが入ってくる。一方、高気密構造というのはほとんど入ってこない。空気の循環は基本的に排気用換気扇と開閉式の吸気口で行う。吸気口には濾過器《フィルター》がついていて外気に含まれる火山灰やホコリはそこで除去される。アレルギー対策にももってこいだという。

それなら火山灰対策に万全だと、山本さんは迷わずこの大東建託の「高気密マンション」に決め、貸主の大東建託パートナーズと契約した。マンションのオーナーは別にいるが、一括借り上げによる転貸（サブリース）なので、直接の契約先と管理会社は大東建託グループの同社である。

引っ越し初日、部屋に入った山本さんの第一印象は「やけに汚れている」だった。前の入居者が一年余り住んでいたと聞いていた。その後、清掃をしているはずだがやり残しが目立った。部屋の隅々にホコリや汚れがある。流し台の金属は曇っていて、いくら掃除しても光沢が戻らない。どうも素材のステンレスに問題があるらしい。

またマンションという割には安っぽさが目についた。壁をたたくとよく響く。表の廊下の話し声が部屋のなかにまで聞こえてくる。薄いのか、それとも内部が中空なのかはわからない。

加えて気になったのが臭いだった。溶剤のような化学物質の臭いが部屋にこもっていた。換気扇を回してもなかなか消えない。ベランダのガラス戸を開けて空気を入れ替えたいところだが、火山灰が入ってくるのでできない。

山本さんは我慢して引っ越し荷物をほどきにかかった。

テレビや冷蔵庫などの家電がまだ何もないがらんとした部屋で新生活をはじめたその日の夜、山本さんは異音がするのに気がついた。「キーン」というモーターの回るような高い音がかすかにしている。付近に車の通行はめったになく静かな環境だ。だから小さな音でもはっきりと聞こえた。

「どこかでガスの警報音が鳴っているのかな」

そう思って外に出てみた。予想に反して外は静まり返っていた。部屋に戻るとまた「キーン」という音が耳に入ってくる。いったん気になると耳について離れない。音の発生源を探して山本さんは家を歩き回った。どうも風呂場の天井あたりから音がしている気がした。風呂場の天井には「二四時間換気」の換気扇《ファン》が取りつけられている。換気扇は音をたてて回っていた。

「これが原因か」

そう思って山本さんは二四時間換気の電源を切った。換気扇は止まり静かになったが、耳をそばだてると「キーン」音は消えていなかった。もしかしたら照明器具の電気系統が原因かもしれないと考えて電灯を消してみた。それでも状況は変わらない。電源ブレーカを落とした。音はまだ鳴っている。

原因究明をいったんあきらめて山本さんは風呂に入った。狭い浴室に反響して音はいっそう大きく聞こえた。頭が痛くなってくる。たまらず湯船に潜った。音は浴槽を伝わって水のなかでもよく聞こえた。

数時間の後、異音はようやく止まった。しかし、しばらくするとまた鳴り出した。

この調子で毎日、断続的に音が鳴った。耐えかねた山本さんは大東建託パートナーズに電話をかけて苦情を伝えた。対応した社員は熱意のない口調で言った。

「申し訳ありませんが、今は行けません。引っ越しシーズンなので。わかってください」

やむなく再び自力で異音の原因を調べはじめた。やはり風呂場の天井付近が怪しい。そうにらんだ山本さんは、天井の二四時間換気の換気扇のわきに点検口があることに気がついた。手で押すと簡単に開く。開けたとたん、「キーン」という音が大きくなった。

点検口から天井裏に首を突っこむと、換気扇のモーターユニットに吸排気管（ダクト）がつながっているのが見えた。換気扇の電源を切っているのでモーターは静かだ。だが音は天井の奥のほうから聞こえてくる。ほかの部屋で発生した換気扇の音がダクトや天井板を伝わって響いているような気がした。

謎のピー音

それでも、「キーン音」だけならまだマシだった。ほどなくして、さらにひどい問題に悩まされる。ある日の午後、居間にいた山本さんは、突然「ピー」という甲高い音が鳴り出したのに気がついた。テレビが放送終了後に流す試験電波音のような音だ。

「ピー音」の不快さは風呂場の「キーン」音の比ではない。音量も大きい。気がどうにかなりそうだ。どこから音がしているのか確かめたかったが、部屋中が響いているようでよくわからない。

「ピー音」は数時間鳴り続けた末にいったん止まったが、さほど間を置かずにまた鳴り出した。いったん鳴り出すと何時間も止まらない。早朝に鳴り出し、夜中の二時まで鳴ったこともある。とても熟睡などできない。寝ついたと思ったら音で目がさめる。そんな日がつづいた。

睡眠不足と頭痛に悩まされて、山本さんはとうとう体調を崩した。病院で診察を受けたとこ

異音がする部屋にたたずむ山本さん（仮名）

ろ、医師は言った。

「部屋の問題を解決しないといけませんね」

結局、大東建託パートナーズに連絡するしかない。電話で対策を求めたが例によって埒が明かない。トラブルには二四時間対応すると入居案内の紙には書いているではないか、と再三苦情を訴えた末に、ようやく社員が来た。三〇～四〇歳くらいの男性だった。疲れた表情をしていた。

ちょうど「ピー音」がしていたので、この社員は自分の耳で異音を確認した。そして山本さんにこう言った。

「吸気口を開けてください」

ベランダに面した壁に開閉式の吸気口が取りつけられている。それを開ければ音は解決するという。指示どおりに山本さんは吸気口を開けた。だが異音は止まらなかった。この状況を前にして、社員はそれ以上なす術もなく立っているだけだった。

「マンションの異音に詳しい専門家がいるはずだから、そういう人に頼んでちゃんと調べてほしい」

山本さんは訴えた。社員はしばらく聞いていたが、具体的な対策については何も言わず、頃合いをみはからって帰っていった。

「ピー音」についても山本さんは自力で原因調査を試みた。音の発生源が特定できず調査は難航した。念のため近所の住民に様子を聞いてみたところ、収獲があった。隣の部屋とその隣の部屋でも「ピー音」が発生しているというのだ。どちらの住民も大東建託パートナーズに苦情を訴え、その対応の鈍さに腹を立てていた。――

再現実験

山本さんから概要を聞いた私は、彼女の案内で問題のマンションを訪ねた。風呂場の天井付近の「キーン」という音は私の耳にも聞こえた。一方「ピー音」は、いつも鳴っているわけでないとのことで、私の訪問時にはしていなかった。

どうにかして「ピー音」を確かめることはできないかと思っていたところ、山本さんの提案で「再現実験」をしてみることになった。

隣り合った二つの居宅で、どちらも戸と窓を閉めきり、吸気口は開けた状態で、片方の部屋の台所換気扇を回すという実験である。「台所の大型換気扇が関係しているのではないか」という山本さんの推測に基づく試みだ。さいわい隣の住民の協力を得ることができた。

実験を開始し、まず隣人宅の台所換気扇を回してみる。山本さん宅で待機していた私は、かなり大きな「ピー音」が鳴り出すのを確認した。とても落ち着いて部屋にいられないような不快な音である。逆に、山本さん宅の台所換気扇を回すという設定でも実験をした。こちらも同様に、やはり隣の居宅で「ピー音」が鳴るのを確かめた。

部屋のどこが鳴っているのかはわかりにくかったが、壁のあちこちに耳をあてて探しているうちに、ある壁の特定の部分で音が大きいことに私は気づいた。あくまで素人の想像だが、換気ダクトの継手などに空気漏れがあり、それが一定の条件で笛のように音を発生させて壁や天井に響いている可能性があった。

ともあれ、異音と台所換気扇の関係がわかったことで応急の解決策が見つかった。隣人で協力して、隣が在宅中に台所の換気扇を回さないようにすればよい。そうすれば「ピー音」に悩まされることはなくなる。

むろん、真の解決にはほど遠い。隣同士で台所換気扇を回す時間を調整しなければならないような生活が長続きするはずがない。

山本さんは隣人といっしょになって、大東建託パートナーズに苦情を申し立てつづけた。

粘り強いはたらきかけの末、大東建託がついに重い腰をあげる。六月下旬の某日、大東建託パートナーズの地元の営業所長、担当社員、施工業者が調査に訪れた。山本さんと隣人は、実際に台所換気扇を回して「ピー音」を再現してみせた。

「いままでこんなことはなかった。原因はわかりません」

「ピー音」を聞きながら営業所長らはおどろいた様子で言った。しかし、どういうわけか、そこにいた誰ひとりメモをとらない。動画や写真を撮ろうともしなかった。

まるで他人ごとではないかと憤慨しながら山本さんは社員らに訴えた。

大東建託パートナーズ社員の指示に従って吸気口を開けたが状況は改善しない

「私は三月末に入居して、すぐに苦情を伝えた。なのに改善はなくもう三ヵ月になります。頭痛や吐き気がする。解決できないのならもう我慢できません。敷金と家賃を返してほしい。転居費用も出してほしい」

営業所長の答えはこうだ。

「それはできません」

そして、小一時間ほどで帰ってしまった。

「鍵が回らない」

山本さんや付近の入居者によれば、大東建託のこのマンションの問題は音だけではない。築一年半と新しいのにベランダのコンクリート床に細かいひびが多数発生している。また、部屋を閉めて台所の換気扇を回すと、吸気口を開けているにもかかわらず、気圧が下がってドアが開きにくくなる。開きにくいだけならまだしも、ときとして玄関の鍵が内側から回らなくなる。これでは火災など緊急のときに逃げ遅れかねず、危ない。

数あるこれらのトラブルのなかで一番やっかいなのが、やはり「ピー音」だった。大東建託は原因を徹底的に調べて解決をはかる責任があるはずだが、その意識は薄いと言わざるを得ない。

山本さんが言う。

「私は米国に住んでいましたが、米国のマンションの品質とは雲泥の差です。大東建託がこんなにひどい会社だとは知りませんでした。このまま泣き寝入りしろというのでしょうか。とても納得できません」

なお、私は大東建託に対して、七月六日付で以下の質問をメールで送った。

大東建託株式会社御中
御社が施工されたRCマンション（築二年以内、高気密構造）で「ピー」「キーン」という耳ざわりな異音がするという話を入居者から聞いています。異音は、部屋を閉め切った状態であれば、換気扇などの電化製品をいっさい使用せず、また吸気口を開けていても発生するとのことです。実際に私も確認しました。
同種のトラブルは御社の物件ではほかにもあるのでしょうか。原因は把握されているのでしょうか。本メール宛にご回答願います。

以上

大東建託から回答はなかった。
また家主から事情を聞きたかったが、今回の取材ではかなわなかった。大東建託から問題を知らされていない可能性は否定できない。

〈追記〉
二〇一八年八月末、山本さんらの粘り強い交渉が実って、大東建託は引っ越しに伴う費用を一部負担する用意がある旨伝えてきた。しかし、その金額が少なすぎて転居できないため、話し合いが今もつづいているという。

第6章
「老後は安心」は嘘だった
――絶対的不採算アパートを買わされた家主《オーナー》の反撃

大東建託のアパートで大損害を被ったという家主が裁判を起こしてたたかっている。そんな話を聞きつけた私は、二〇一八年二月、取材のため大阪を訪ねた。原告の家主らによれば、大東建託の営業社員は「一年後に条件のいいところで借り換えができる」などと説明をして採算の見通しが厳しい計画を強行、その結果、アパート経営ははじめから破綻状態に陥ってしまったという。裁判では、大東建託社員の重大な不正も発覚した。

広告やっている大会社

「大東建託にだまされた。金もらったから関係ないわと、それですわ。きっちりだまされました」

新築のにおいがする自宅の居間で、町中勤一さん（仮名、六二歳）は自嘲気味に笑いながら言った。彼の隣で、病身だという妻がつぶやくように話す。

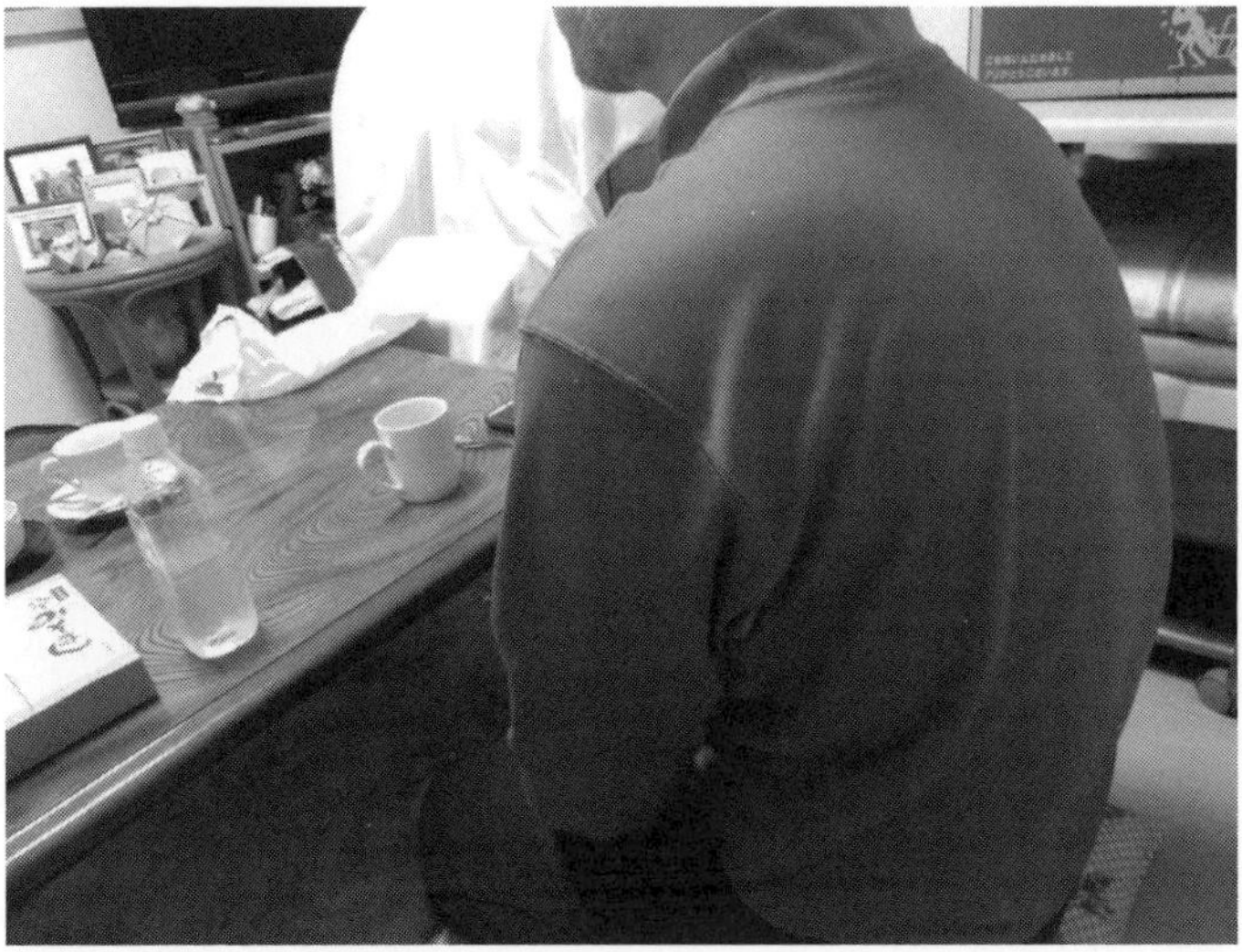

「きっちりだまされました」と嘆く町中さん（仮名）

「津川雅彦が傘を開くCMのシーンがすごく印象に残っています。何十年か安心とか、修繕費がいらないとか。あのころそれをテレビでよく見ていた気がします」

大阪市の東側に位置するY市の、中心部から離れた住宅地に町中さん一家の自宅はある。その脇には、同じく木造二階建て四戸の賃貸アパートが建っている。どちらも三年ほど前に大東建託で建てたばかりだという。今のところアパートは全室入居者があり、「大東建託」と赤く縁どられた看板には「満室」の表示が出ている。賃貸経営は一見すると順調だが、夫妻の表情は暗い。

というのも、銀行に対する月々の返済が約四五万円あるのに対して、家賃収入は二五万円ほどしかない。毎月二〇万円以上の持ち出しなのだ。わずかな年金を生活費に回し、なけなしの貯金を崩して返済に回していたが、たちまち限界に達した。負債総額は約九〇〇〇万円。現在は利息だけを払う「リスケ」（返済猶予）をしてもらっている。

のっけから銀行の返済に行きづまってしまった。気持ちが暗くなるのも当然だ。それでも、泣き寝入りするのは嫌だと、町中夫妻は二〇一五年八月、大東建託を相手に九〇〇〇万円の損害賠償を求める訴訟を大阪地裁に起こした※。

町中さんによれば、ことの経緯はおよそ次のとおりである。

——きっかけは二〇一二年三月ごろ、貸している土地を売りたいという地主からの提案だった。古い自宅は借地の上にあった。売りたいというのはその土地のことだ。広さはおよそ一〇〇坪。提示された価格は千数百万円、相場のおよそ半分である。

悪くない話だと町中さんは乗り気になった。借地の賃料はそれほど高くなかったが、将来値上がりするのではないかという不安があった。買ってしまえばもう地代を心配する必要はない。問題は資金だ。貯金を崩せばつくれないことはない。しかし、そうすると老後の生活に不安があった。町中さんは会社員で二年後に定年退職を控えている。退職金はせいぜい数百万円。退職した後は、少ない年金で暮らしながら年老いた親の面倒を看るつもりだ。できることなら虎の子の貯金に手をつけたくはない。

どうしたものかと思案する町中さん夫妻の頭に浮かんだのが「大東建託」だった。自宅のポストにチラシが入っていたのを思い出した。

　大東建託が「アパート経営」を商品にしている会社であることは知っていた。銀行融資を受けてアパートを建て、大東建託が一括で借り上げ、家主は毎月賃料をもらいながら返済する。この仕組みもわかっていた。そこで町中さん夫妻はこう考えた。

〈アパートを建てて貸すというこの方法なら、借金して土地を買っても払っていけるのではないだろうか。大東建託なら親身になって相談に乗ってくれるはずだ。力になってくれるにちがいない〉

　当時町中さんが大東建託について持っていた知識とは、テレビCMと読売新聞の広告、通勤電車のなかでときおり見かける吊り広告から得たものだった。インターネットは使わないから、そこに流れている悪評の類を目にしたことはない。

「私はふつうのサラリーマンですから、そういうコマーシャルたくさんやっている大きな会社だから安心やろと単純に思った。だから頼んだんです」（町中さん）

　捨てずに取っておいたチラシには、「東大阪支店」という支店名と電話番号、Tという担当者名が書いてあった。

　町中さんが支店に電話をかけると、その日のうちにT社員が訪ねてきた。新人だという若い男性だった。上司の建築営業課長もいっしょだった。二人を前にして町中さんは妻と考えてきた構想を話す。

「いま借りているこの土地を買いたい。しかし資金がない。そこでローンを組み、アパート経営をやって毎月の支払いを家賃で払っていけないだろうか。できれば古くなったこの自宅も建て直したい…」

「お手伝いをさせてもらいたい」

自信ありげに答える社員らの姿が、町中さん夫妻の目には頼もしく映った。大東建託は有名な大企業で不動産の専門家なのだ。客が損をするようなことをやるはずがない。そう信じて疑わなかった。

「ぜひやらせてもらいたい」

最初に連絡をしてから計画案ができるまで、要したのはわずか数日だった。自宅の古い建物などを取り壊して更地にし、二階建て四戸のアパートを一棟、その脇に二階建ての自宅一棟を建てるという案である。むろん、借地を買いとるのが前提だ。事業費は約九〇〇〇万円。アパートの建設費が約四四〇〇万円、土地代が一三〇〇万円、加えて自宅の新築費が三〇〇〇万円だ。すべて融資でまかなう。

九〇〇〇万円の借金と聞いて町中さんはさすがに心配になった。

「家賃収入でローンなどの支払いがすべてまかなえるのか、そこを確認したい」

「大丈夫です」

Ｔ社員は答えた。そしてつづけた。

「融資はすべてこちらで手続きをします。問題ありません」

町中さん夫妻に迷いがあるとみるや、日をあらためて支店長もやってきた。

「ぜひこの件をやらせてもらいたい」

そう言って契約するよう強く勧めた。

大企業の幹部社員がそこまで言うのならと町中さんは安心した。そして決心し、次々に契約を結ぶ。まずはアパートの建築請負契約を玄関の土間で一五分ほどで済ませた。つづいて自宅を新築する契約をやり、さらに土地購入の契約を地主と交わした。

自宅の新築工事は、会社に就職したばかりの独身の息子名義で契約した。といっても息子自身は仕事で多忙だったので、大東建託の社員にほとんど会ったことがない。実質的には父親の町中さんが契約手続きをした。大東建託も承知していたことだ。

〈家賃収入が毎月約二五万円、返済がほぼ同額。毎月一～二万円程度の持ち出しはやむを得ないが、ほぼ払っていける――〉

これが、契約当時の町中さん夫妻の理解だった。Ｔ社員らはたしかにそう説明した、と思った。チラシを見て電話をしてから一連の契約をするまで、ものの一ヵ月もたっていなかった。

融資については、「すべてこちらで手続きをします」というＴ社員の指示で、町中さんは何もせずに連絡を待った。

契約から三ヵ月ほどたった二〇一二年八月のある日、土地購入分の費用一三〇〇万円を日本政策金融公庫で借りられそうだという連絡がT社員からあった。年利二%の二〇年返済。月の返済額は約七万円だ。町中さんは言われるままに手続きを行い、同公庫から一三〇〇万円の融資を受けた。その金を大東建託経由で地主に払い、借地を買いとった。

土地を購入してからしばらく後、T社員が妙なことを言いだした。

「毎月四～五万円ほど足が出そうです」

そう言うのだ。町中さんはおどろいた。毎月の家賃収入でほぼ払える、「赤字」（持ち出し）はほとんどない、足が出たとしてもせいぜい一～二万円――これが夫妻の信じるアパート計画の核心部分なのだ。四～五万円の赤字では話がちがう。

説明を求める町中さんにT社員はこう釈明した。

「（金利の安いところに）借り換えをするから大丈夫です」

大きな赤字が出るのは最初のうちだけだ、すぐに条件のいいところに借り換えをする、そうすれば赤字は小さくなる、だから安心してよいというわけだ。

この説明を町中さん夫妻は信じた。信用するだけの合理的根拠はなかったが、気持ちのなかでは大東建託の金看板がまだモノを言っていた。

白紙撤回のチャンスはあった

つづいて二〇一二年一二月、自宅を新築する資金の融資が決まったという連絡をT社員がよこした。三〇〇〇万円をりそな銀行から借りられるという。町中さんは、やはりT社員の言うがままに手続きをして融資を受け、工事費を大東建託に払った。古い建物が取り壊されて更地になり、自宅の新築工事がはじまる。

この時点で借金額は四〇〇〇万円以上となった。月々の返済額は計約一六万円だ。アパートの賃料収入はまだないから毎月の給料から払うしかない。

土地と自宅の資金は工面できた。残る融資はアパートの建築工事資金の四六〇〇万円だけだ。こちらは時間がかかった。やっと連絡があったのは契約から一〇ヵ月がすぎた二〇一三年三月のことだった。だがT社員の説明は、これまでとちがって込み入っていた。

「日本政策金融公庫からアパート建築費四六〇〇万円を借りられそうです。しかし同公庫からはすでに土地購入費の一三〇〇万円を借りているので、このままでは借りることができません。一三〇〇万円を別のところで借りていったん返済する必要があります」

なんのことかすぐにはわからず、町中さんはとまどった。

T社員がつづける。

「日本政策金融公庫に借りている一三〇〇万円を返すための資金をどこから借りるかですが、

選択肢は二つあります。大東ファイナンスとアプラスです」

一枚の紙が取りだされた。

町中勤一様資金計画

1　大東ファイナンス　三〇年　二・四七五％　利息五四三万八八四円

2　アプラス　一〇年　四・二五％　利息二九八万二五五円

アプラスでお借り入れされた方が二四五万六二九円少なくご返済ができる。

一三〇〇万円を大東ファイナンスで借りるか、それともアプラスか。紙には二つの選択肢が記載されていた。大東ファイナンスは大東建託の子会社、アプラスは貸金業者だ。選択肢はこの二つだと表向きは言いながら、しかしT社員は「アプラスで借りたほうがいい」と断言した。利息の支払い総額をみるとアプラスのほうが安いというわけだ。

よく見れば、大東ファイナンスの返済期間が三〇年であるのに対してアプラスは一〇年だ。まったく条件がちがう。それなのに、利息の総額だけを比較してアプラスが得であるかのように言うのは子どもだましである。しかし、これは後になって気づいたことで、当時の町中さんは冷静な分析ができなかった。

もっとも、このころになると町中さんはT社員の言うことを鵜呑みにしてはいけないと思いはじめていた。そこでT社員にただした。

「アプラスに借り換えると毎月の返済額はどうなるのか」

回答はこうだ。

「いまの月七万円から月一三万円以上に増えます」

これは土地の購入資金分だけだから、ここにりそな銀行の住宅新築資金四〇〇〇万円、そしてこれから日本政策金融公庫から借りるアパートの建築費四六〇〇万円の返済が加わる。すべて合わせた月の返済額は四五万円以上になるという。

一方、アパート経営による賃料収入の見込みは二五万円しかない。毎月二〇万円以上の赤字が出る計算だ。これでどう払っていくのかと不安になる町中さんに、T社員らはまた決まり文句を口にした。

「一年後に借り換えできる。賃料で払えるようになるから大丈夫です」

大丈夫だと言われても不安は消えなかった。だがいまさら後戻りはできないという気持ちもあった。結局、町中さんはT社員の提案に従う。つまり、アプラスで一三〇〇万円を借りて日本政策金融公庫に返済し、同公庫からあらためてアパート建築資金の四六〇〇万円を借りた。

資金にめどがついたことでアパート建築がはじまり、四ヵ月後に完成する。二〇一三年七月のことだった。

「借り換えします」は嘘だった

新築アパートは四戸すべて入居者が決まり、予定どおり毎月約二五万円の家賃が入金されるようになった。金融機関への返済も本格化した。月々の返済額はおよそ四五万円。これも予定どおりだが、町中さんはあらためて気が重くなった。二〇万円以上の赤字はきつい。

それでも、これは当面の間だけのことだと自分に言い聞かせた。すぐに借り換えができるとT社員らは言ったのだ。借り換えをすれば返済はきっと楽になる——。

「借り換えのめどがついた」という朗報を、町中さんは今か今かと待った。なかなか連絡はこない。アパートが完成してからというもの、T社員や支店長、課長からの連絡はめっきり乏しくなった。しびれを切らして電話をかけてたずねた。

「借り換えの件はどうなっているのか」

「いまやっているところです」

T社員は答えた。さらに待ったが連絡はない。また問い合わせる。返ってくるのはいつも同じ言葉だ。

「大丈夫です。やっています」

支店長にもたずねた。だがこちらも返事は煮え切らない。そのうちに、この支店長とは連絡がつかなくなってしまう。異動になったと聞かされた。

毎月二〇万円以上の赤字経営は、日ごとに重くのしかかった。右から左へと給料を返済につぎこんだ。ストレスがたまり、町中さんは不眠に悩むようになった。病院に行くと自律神経失調症と診断された。

やがて町中さんは四〇年以上勤めた会社を定年退職し、無収入になった。数百万円の退職金は、返済に回すうちにたちまち底をついた。

ことここに及んで大東建託への不信は決定的となった。なんとかしなくてはいけないと相談先を探し、アパートの一括借り上げ（サブリース）問題に詳しい徳矢卓洋弁護士にたどりつく。ひどい話だと弁護士はおどろき、裁判をすることになった。これが、冒頭で触れた大阪地裁での訴訟である。

裁判のなかで大東建託は、「一年後の借り換え」を約束したことはなく、賃料ですべてのローンが払えるという説明もしていない、などと反論した。まっ赤な嘘ではないかと町中さんは憤慨する。案の定、審理が進むなかでずさんな営業実態が次々に露わになる。

・建築の際に境界をまちがえて工事をやった。
・重要事項説明書に記載された同席者欄に、実際には居合わせなかった人物の名前が書かれている。
・事業試算書に記載された修繕費の見積もり額が低すぎる。

これらの問題に加えて、決定的な不正が発覚する。

重大不正発覚

不正発覚の端緒は、法廷で明らかになったアプラスの融資申込書だった。それを一見して、町中さんや代理人弁護士はおどろいた。自己資金の金額や他社からの借り入れ状況を記載する欄に、町中さんとは別人の筆跡でこう書かれていたからだ。

・自己資金　三三〇〇万円
・ローン1　――
・ローン2　――

三三〇〇万円の自己資金など存在しないし、他社のローンがいっさいないというのも事実ではない。すでに日本政策金融公庫から一三〇〇万円、りそな銀行から自宅建築費三〇〇〇万円を借りている。まったくの嘘だ。

融資申し込みの手続きはすべてT社員がやった。町中さんはT社員に言われて、「自己資金」

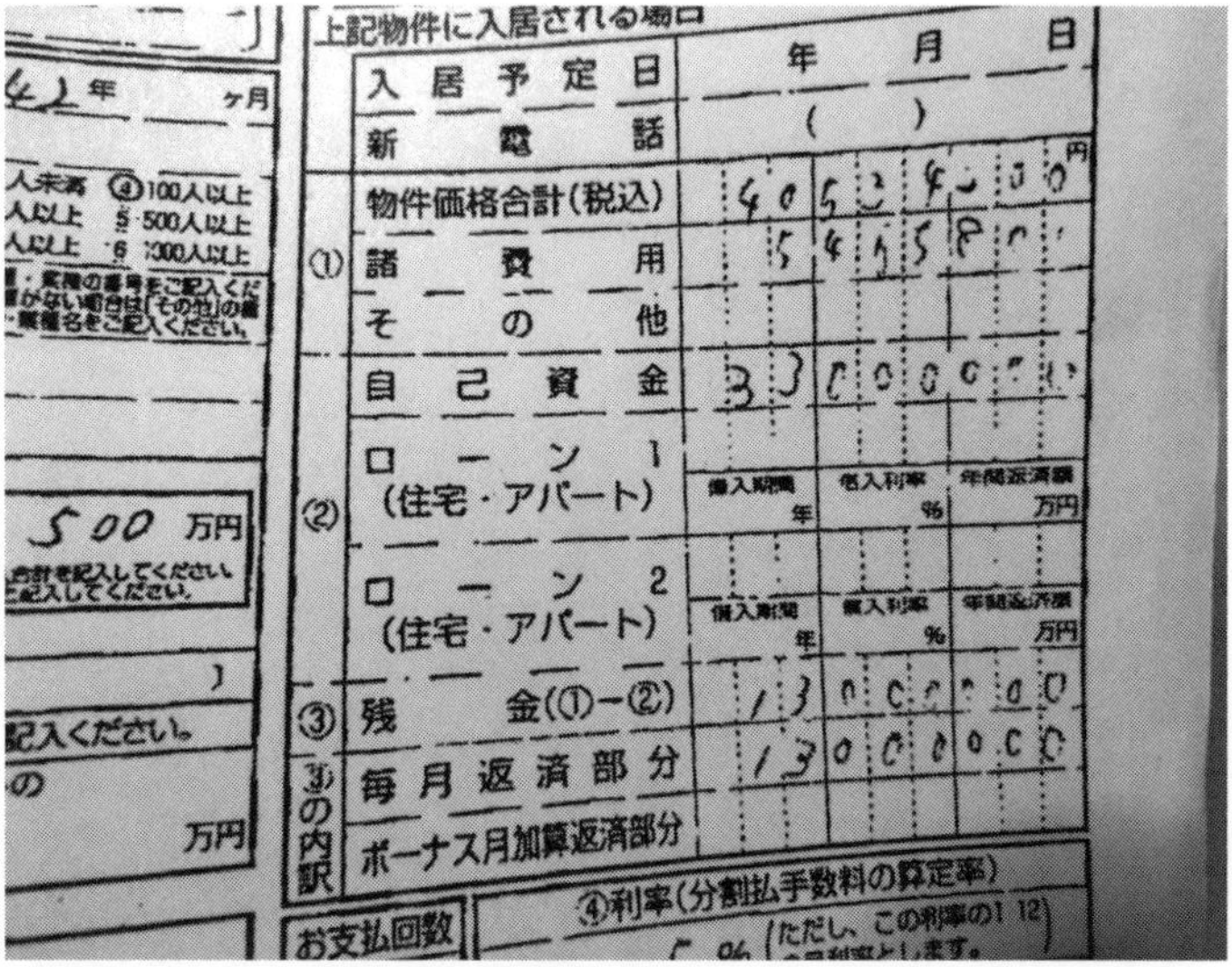

上記物件に入居される場合

	入居予定日	年 月 日
	新電話	( )
①	物件価格合計(税込)	円
	諸費用	
	その他	
	自己資金	33000000
②	ローン1(住宅・アパート)	借入期間 年 / 借入利率 % / 年間返済額 万円
	ローン2(住宅・アパート)	借入期間 年 / 借入利率 % / 年間返済額 万円
③	残金(①−②)	13000000
③の内訳	毎月返済部分	13000000
	ボーナス月加算返済部分	

お支払回数　④利率(分割払手数料の算定率)

大東建託社員によって虚偽の事実が書き込まれたアプラスの融資申込書

や「ローン」の欄を空白にした書類を渡しただけだ。そこにT社員は、自分の手で「(自己資金)三三〇〇万円」などと虚偽事実を書いたのだ。

仮にアプラスの融資申し込み書に事実を書いていればどうなったか。一三〇〇万円の融資はまず出なかっただろう。そうすると、日本政策金融公庫に一三〇〇万円を返済して、アパート資金四六〇〇万円を借り直すこともできなかった。資金がなければアパートはできない。アパートの建築契約は解約するしかなくなる。

結論から言えば、解約していたほうがはるかによかったのだ。

「だまされました。金もらったらあとは知らんわということでしょう。このままだまっているわけにはいきません。責任をとってほしい」

インタビューの終わりに、町中さんは無念そうな表情でそうくり返した。

大東建託の社員らは、不正な方法で融資を取りつけ、建設を強行した。経営の早期破綻は明白で、町中さん一家が財産をすべて失う可能性が高いことを知りながら、まるで罠にはめるかのように「大丈夫です」と危険な契約を結ばせた。

こんな不誠実きわまりない企業がほとんどそしりを受けることもなく営業をつづけている。この社会はどこかが大きく狂っている。そんなことを思いながら、私は暗くなった大阪の下町を駅に向かって歩いた。

〈追記〉

訴訟で原告側は、いちじるしい説明義務違反があったと主張、大東建託側は全面的に争っていたが、T社員らの証人尋問を実施する前に和解の申し出があり、二〇一九年七月、大東建託が約二〇〇〇万円の解決金を支払い、「一括借り上げ契約を尊重し、互いに信義誠実の原則にのっとって誠実に対応する」といった内容の原告側の勝訴的和解が成立した。

※　大阪地裁　平成二七年（ワ）八五八七　原告代理人・徳矢卓洋弁護士。

第2部
社員虐待に変わりなし

お疲れ様です。

国土交通省を経由しての本社クレームによる訪問禁止のお願いです。

「何度断ってもしつこく訪問をしてくる。夜８時を過ぎても訪問してくるし

国土交通省から直接指導して欲しい。」と国土交通省を経由して本社へ連絡が入りましたので、

下記お客様を訪問されない様、支店内にて周知徹底をお願いします。

お客様名：　様

どうぞ宜しくお願いします。

****
大東建託　株式会社

二〇一五年一二月、大東建託松本支店の社員が、顧客と家族の頭をハンマーで殴打し、瀕死の重傷を負わせる凶悪事件が起きた。事件の背景に、常軌を逸した激しい業績至上主義と社員虐待体質が浮かび上がった。しかし、この大事件をへてもなお、大東建託の劣悪な労働環境がそれほど改善したようにはみえない。犯罪に問われてもおかしくないような出来事が日々職場で起きていると社員らは証言する。

扉写真：特定の顧客への訪問禁止を通告する社内メール。飛び込み営業に厳しいノルマを課した結果、苦情が後を絶たない（7 章参照）

第7章　告発　壮絶なセクハラ職場

二〇一八年七月、大東建託の神奈川県内の支店に対して、月九〇時間を超す労使協定（三六協定）違反の長時間労働がなされていたとして川崎北労働基準監督署が是正勧告を出した――というニュースが新聞・テレビで報じられた。ようやく大東建託に対するマスコミのタブーが破られたと私は喜んだ。しかし、それはぬか喜びに終わった。大東建託の批判は再び新聞やテレビにとってタブー同然となった。そして、またひとつ劣悪な労働環境を告発する声が私のもとにとどいた。すさまじいパワハラ、セクハラを受けたという建築営業課元社員の女性（Aさん）の証言を紹介する。

長期無実績者をいじめ抜く

――パワーハラスメントがひどかったそうですね。

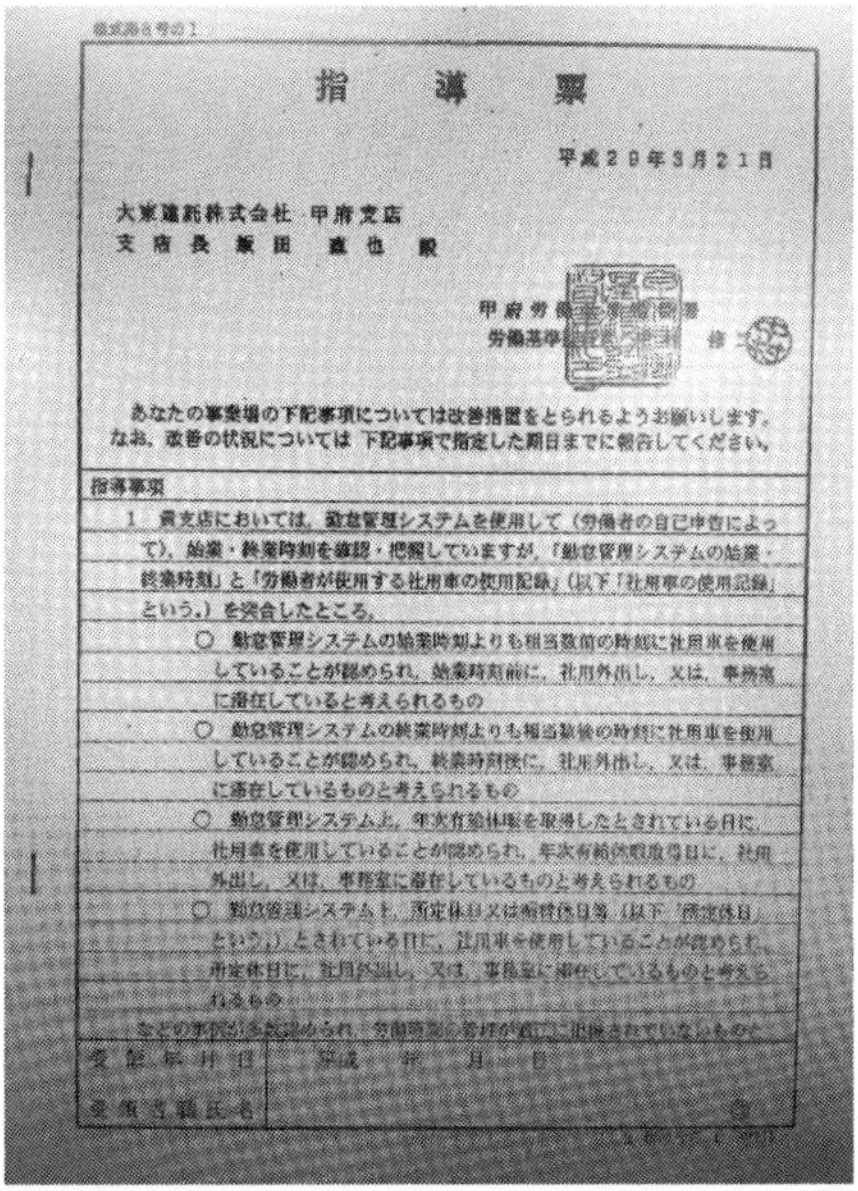

指導票

平成29年3月21日

大東建託株式会社 甲府支店
支店長 飯田 殿

甲府労働基準監督署
労働基準監督官

あなたの事業場の下記事項については改善措置をとられるようお願いします。
なお、改善の状況については 下記事項で指定した期日までに報告してください。

指導事項

1 貴支店においては、勤怠管理システムを使用して（労働者の自己申告によって）、始業・終業時刻を確認・把握していますが、「勤怠管理システムの始業・終業時刻」と「労働者が使用する社用車の使用記録」（以下「社用車の使用記録」という。）を突合したところ、

○ 勤怠管理システムの始業時刻よりも相当数前の時刻に社用車を使用していることが認められ、始業時刻前に、社用外出し、又は、事務室に滞在していると考えられるもの

○ 勤怠管理システムの終業時刻よりも相当数後の時刻に社用車を使用していることが認められ、終業時刻後に、社用外出し、又は、事務室に滞在しているものと考えられるもの

○ 勤怠管理システム上、年次有給休暇を取得したとされている日に、社用車を使用していることが認められ、年次有給休暇取得日に、社用外出し、又は、事務室に滞在しているものと考えられるもの

大東建託甲府支店に対する労働基準監督署の指導文書。勤怠管理の不正などを指摘している

Ａ　はい、私は「長期無実績者」（三ヵ月以上契約を取っていない社員に対する呼称）だったんですが、会議のたびに、課長から上司から、「脳みそかきまぜてやろうか」などと罵倒されました。ノートパソコンを投げつけられたこともあります。罵声がやかましくて近所の住民から苦情がきたくらいです。

——ノートパソコンを投げつけるというのは完全な暴力行為ですね。だれも止めなかった？

Ａ　ええ。だれもそういうことを止めない。建築営業課は特別扱いです。（職場衛生業務を担う）業務課員も、「それはコンプライアンス違反ですよ」とか、「明らかに暴力行為ですよ」とか、そういうことが言えない。異常な空気です。

——長期無実績者が特に厳しくツメられたのですか？

Ａ　はい。「先月なんでこんなに行動件数（飛びこみ営業の訪問件数）が少ないのか」とか、「立《りっ》地《ち》審査の取得件数、家賃審査の提出件数はどうなっているのか」とか。

――立地審査というのは、土地の審査をしてよいか地主に同意をとる社内手続書類のことですね。家賃審査とは？

Ａ　立地審査の同意をいただいた後は、プランを書いて賃貸マーケティング課（旧家賃審査課）というところに家賃の審査を出すんですね。そのことです。賃貸マーケティング課は市場調査をしている部署です。そこに、三五年一括借り上げできるかどうか、初回家賃（一〇年間固定額で家主に払う家賃額のこと＝借り上げ家賃）はいくらかというのを試算してもらう。その次は事業試算書を作って、お客さんに収支を説明したり、税金対策としてこういうことができますよっていう資料を作る。最終的に受注交渉する。

――すると、「家賃審査の提出件数は…」と上司に言われるというのは、どういう意味なのですか？

Ａ　「家賃審査依頼書」というのを家賃審査課に出すんですが、あまりにも「立地」「立地」と気が狂うくらいに上司が言うものですから、立地審査の同意をいただけたとしても、とても家賃審査に出せないような内容のものが多いんです。供給エリアぎりぎりのところ、戸数制限がかかっているところ、他の担当者が（別の案件で）先に審査依頼を出してしまうと供給ストップになるところ、要は提案できないような条件のところばかりです。とにかく立地審査の同意をとらないと家に帰れませんから…。「立地とってくるまで帰ってくるな」とふつうに言われます。

――飛びこみ営業で「立地審査」をとるんですね。

Ａ　ええ、そこが苦しくて。家賃審査をだしても無駄だと知りながら立地をとる。そもそも家賃審査を受けつけてもくれないような案件だとわかっているけど、とらざるを得ない。お客さんにとって収支がよくないような、解体をふくむ建て替えとか[※1]でも、そういう事情で立地審査をとってしまう。とっただけで先の手続きに進むことができない。

――無駄だとわかっているから審査依頼を出さないんですね？

Ａ　そう。数あわせで立地だけとっていますから。それに対して、「なんで家賃審査が出ていないんだ」とやられる。プロセス[※2]のない人を責める。

夜一〇時に泣きながら訪問

――夜の飛びこみ営業（夜訪）は、午後八時にいったん支店にもどって、また営業に出て行くのですか。

Ａ　はい。夜訪のあと午後八時ごろ支店に戻り、課長がいれば口頭で報告をします。いなければメールで報告します。立地審査がとれていなければまた出ていきます。

――何時までやるんですか。

A　立地審査がとれないと夜一〇時になっても家に帰れないこともあります。

――一〇時！

A　私、ふつうに夜一〇時一一時でした。さすがにそんな時間に行けるお客さんは限られます。知っているところです。頼みこんでどうにか立地審査をもらったとしても、それから先には進まないお客さんばかりです。

――家に帰れないというのは？

A　（支店に）帰ってくるなと言われる。夜一〇時になっても、「どっか一件とれるところないか」と課長が言う。行けるところを考えて訪ねてみるんですが、行ったとしてもダメだったとか、電灯がまっ暗でとても訪問できなかったとか。途方に暮れてさまよってしまうというのが多い。

――支店の管轄地域は、夜になると真っ暗になる場所が多いのではないですか？

A　ええ、夜一〇時に泣きながらお客さんの家に行ったことが何度もあります。怒られますね、当然。立地審査も書いてくれないし。

――そういうときに訪ねるお客さんとは、飛びこみでみつけたお客さん？

A　はい。飛びこみで行って何回か通ったお客さんです。

――何度か行ったところにしか行けないんですね。

Ａ　そうです。

——で、行ったら「何しに来た」と怒られる。

Ａ　そうですね。

——それが毎日ですか？

Ａ　はい、毎日こういうのがふつうでした。ノー残デー（残業しない日）なんて、あってないようなものでした。パソコンつけずにふつうに毎日夜一〇時とかやっていました。会社はパソコンでしか勤怠管理をしていないので。

——帰宅後は？　仕事から解放される？

Ａ　いえ、家でも仕事をしました。帳票関係が多かったので。

——帳票とは？

Ａ　お客さんのリストを出せとかいうものです。見込候補カードというのがあって、お客さんごとに行動状況をずっと書いている。それを翌朝までに更新して提出しろと言われる。当然家事もあります。子どももいますしね。通勤に一時間かかる。夜一〇時まで会社にいて、ちょっと買い物をして家に帰るのが一一時半くらい。平均で。そこから家事をして書類を作って寝るのが午前二時ごろ。五時には起きます。いつも二時間くらいしか寝ていなかったです。

——死んでしまう。

Ａ　そうですね。たまに大きく体調を崩して病院に行くと、医者から「末期の疲労」と言われて笑うんですけど。子どもの弁当も作らねばならないですから。家族は大事にしたいという気持ちがあるので。そういうことを会社で言うと、「自分の権利ばかり主張して会社に貢献しない人」といつも言われていました。

――サービス残業してもらっているのだから、会社が感謝しなきゃいけない。

Ａ　本当ですね。

「注文とってやるからやらせろ」

――そういう毎日を送るなかでとんでもないセクシュアルハラスメント（性的いやがらせ）の被害に遭うんですね。事件のことを教えてください。

Ａ　セクハラをやったのは直属のＢ課長です。年齢は五〇歳過ぎぐらい。最初は、午前中の初訪[※3]に行った帰り、男性営業社員数人と課長と私の乗った八人乗りの車のなかで、自分が女好きだという話とかをしていたんです。キャバクラに行った話とか、フィリピン人が好きだとか、そういう女性の話ばかりだったんです。フィリピン人の彼女にすごくお金をつぎこんだとか、自慢げに話していました。だらしない人だなと思いながら聞いていました。

――それだけでも問題です。

Ａ　で、私は部下ですので当然同行することがあるんです。同行というのは、個々のお客さまのところに訪問するときに、課長といっしょに行くという意味です。その際に、車のなかで「自分は女性が好きなんだ」とアピールするようになったんです。聞こえないふりをしたり、あいまいにしていたんですが…。

――同行の際の車はAさんが運転していたんですね？

A　はい。だんだんエスカレートして、「注文とってやるからやらせろ」とか、「Aさんがやらせてくれないから力を発揮できなかった」とか。そういうことを平気で言うようになった。

――「注文とってやるからと」と。それはひどい。

A　そのうち車のなかだけではなくなって、支店のなかでも、ちょっと周りに人がいなくなると近づいてきて「セックスしたい」と言ったりするようになったんです。

――職場でですか？

A　はい。大東建託にはコンプライアンスの相談窓口があるんです。でも相談しませんでした。

――なぜ？

A　以前に上司のパワーハラスメントのことで相談したとき、何も機能していないことがわかったからです。

――どういうことですか？

A　パワハラの解決どころか、訴えたことが筒抜けになってしまったんです。あるとき上司が、さんざん怒鳴ったあとで、公然と「コンプラでもどこへでもお前行ってみろ、おれはまちがっ

支店長や課長ら上司から常軌を逸したパワハラとセクハラを受けた状況を話す元社員のAさん

てねえからな」と言いました。ああ、これでは安心して相談できない、と。
――セクハラ行為を受けた回数は？
A　小さいのをいれると数十回以上だと思う。ノー残デーに車で帰宅していると、電話がかかってきて「うちに来ないか」とか言われたこともあります。こっちが支店を出るタイミングをみはからって電話してきたようです。午後六時半ごろでした。「Aさんがやらせてくれないと他の女とやっちゃうぞ」とか。わけがわからない。「うちに来ないか」は二、三回ありました。それも、上司の立場をつかって言い訳っぽいことを言うんです。「きょうの成果の報告がないけど、どうなの」とか。

――仕事は口実。

A　はい。

車のなかでズボンを脱いだ課長

A　じつは…車のなかでズボンを脱ぎはじめたこともあったんです。

――ズボンを脱いだ？

A　お客さまのところに課長同行で行った帰りです。ひと気のない駐車場に誘導して、「車を停めろ」と言われて…。なんだろうと思って車を停めると、ズボンを脱いで（性器をだして）、「してくれ」と言った。「手を貸してくれ」「しゃぶってくれ」とも。もちろん断りますね。すると「自分で（自慰を）するから見ていてくれ」と…。私はおどろいて、ハンドルを握って前を見たまま固まってしまいました。

――信じられない。課長の地位を利用したセクハラ。犯罪です。

A　しかし、課長の同行がないと契約が取れないんですね。がまんしてその後も何度か同行しました。同じようなことがさらに二度ありました。耐えかねて車の外にでました。

――お客さんのところに行った帰りに。

A　帰りです。ちょっとお客さんの食いつきがよかったりすると「自分の手柄だ。おれがんばったろう。だからごほうびに…」っていうような。

――ごほうび？

A　断ると「じゃ、自分ひとりでするから見ていてくれ」と。自分は毎日、自分で処理しているんだとか、そういう話もする。

――コンプライアンスの部署にも相談できない。どうやって身を守ったのですか？

A　同僚に協力してもらって、課長と二人で車に乗らないようにしました。

――さわってくるとかは？

A　それはなかった。ただ、無理やりに「見てくれ」と脱ぎだして、「手を貸してくれ」とか言う。

――それが問題のある行為だという認識は課長にあった？

A　あったと思います。あったけど私は言わないだろうと思ったのでしょう。言わなきゃばれない。そんな理性よりもいま自分が気持ちよくなりたい、それしか考えていない。

――会社をクビになるかもしれないという不安もない？

A　頭の隅にはあったと思うんですけども。ぜったい私が言わないと思ったんじゃないですか。

――どんな気持ちでしたか？

A　気持ち悪い。それと、どこまでなめているんだというのがありました。悔しいというのもありましたし。日頃から仕事ができないということについては指摘されていたので、すごくバカにされているという悔しさですね。

——仕事ができないからダメだと言われていた。

Ａ　女なんて自分の言うことをきいてなんぼだと思っているような、女性を見くだしている課長だった。だからよけいに悔しかった。

——同僚の協力もあって二人にならないようにして自衛したんですね。そのあと課長の態度が変わるとかはなかったですか？

Ａ　厳しくなりましたね。「だから女は」とか言いだした。支店長に対して、「おれが言っても言うこときかないですから」などと突き放すような言い方をするようになった。

——当時は長期無実績？

Ａ　はい。課長が非協力的だと契約も取れないんです。あと、この課長は「同行」と言いながら、半分は私用に部下を使っていました。彼女にプレゼントを買うからって宝石屋に連れていかれたこともあります。

——公私混同ですね。

Ａ　同行するときの車中では、ほとんど助手席に座って携帯電話でゲームやっていましたね。お客さんのところにいく際の打ち合わせもろくすっぽ聞かない。「知らん、自分で考えろ」というような指示です。それで、結果商談がうまくいかないと、「お前の報告や相談がないからだ」と部下のせいにする。そういう課長でした。

――彼はどのくらいの給料をとっていたのでしょうか？

A　一七〇〇万円くらいとか言っていたかな？　確定申告の時期にそんな話を聞いたことがありました。

――ところで、残業代の過少申告をやらされていたとか？

A　はい。月末になって残業時間が六〇時間超えてくると「修正しろ」と言われました。土曜日など、実際は夜の九時一〇時まで働いていても、一時間しか働いていないようにする。お客さんのところをさんざん外回りして夜の一〇時までやったとしても、パソコンをつけた時間が一時間だとその日の勤務時間は一時間にできるんです。そういうのをふつうにやらされていました。

――指示がある？

A　本社から「Aさんは今月の残業時間が多いです」という連絡がくるんです。そうすると指摘された者が悪いんですね。七〇時間がマックス（最大）。それを超えると問題になる。六〇時間を超えたところで指摘がくるという仕組みです。

――実際はどのくらい残業している？

A　平均で月に一〇〇時間を超えていると思います。一度ちゃんと計算したら一二〇時間でした。ありのままを計算して一二〇時間と申告しようとしたんです。しかし申告直前に業務課が点検して「まずいから修正しますね」と直してしまった。

――勝手に修正する。

Ａ　そうです。「支店長つかまっちゃうから時間内におさめておくね」って。外回り中に業務課から電話がありました。私みたいにばか正直にやると、当然嫌われるし、たたかれる。

求人内容は嘘だった

――なぜ大東建託に入ったのですか？

Ａ　子どもを進学させたいと思っていたんですが、前職の給料では無理でした。給料もさることながら夜勤があって、夜間家にいないというのが子どもにとって精神的ダメージとなった。それで昼間の仕事はないかと探していたら、とてもいい条件の求人が見つかった。

――それが大東建託だった。

Ａ　はい。家の近所の支店でした。まずは話だけでも聞こうと面接を何度かした。「土日は休めます」「午後八時には帰れます」と確かめた。成績次第で給料が減ることも知らされないで「いい会社だ」と思って入った。六ヵ月長期無実績で給料が減るなんて一言も言われていません。

――契約が取れないと給料が減る。

Ａ　ええ、基本的な月給約二八万円のうち営業手当が一一万円くらい。第一段階が六ヵ月無実績で六万円減る。そのあと四ヵ月（無実績一〇ヵ月）になるとトータルベースで一一万円くらい減る。手取りが一〇万円くらいになってしまう。これを一年近くやりました。親とか親しい人に借金しました。四ヵ月目で契約を取りました。しかし待機案件だったので歩合は入らない。顧客の都合で一年工事が止まったのです。着工してはじめて歩合給はもらえるんです。なんとしてもここはもらいたかった。その間チョーム（長期無実績）を引っ張ったから、「ずうずうしい」「ぐずだ」と言われて。ちょっと失敗すると「歩合給取りあげるぞ」とも言われた。ほぼ毎日言われていました。

――契約を取ったら辞められなくなった？

Ａ　はい。社内のひどい実態がわかった時点で辞めようと思っていたんです。ところが「あなたが熱心に来てくれたから」というお客さんから契約をもらった。そうしたら申し訳なくて辞められなくなった。

――寝るのが毎日午前二時三時という生活を送るようになった。子育てなどできない。

Ａ　「うちのことが大変なんです」とちょっと上司に相談したときも、「そんなの親にやらせろ」「お前どうやって子ども育てているんだ」とか「子どもに甘い」「甘やかすな」「子育てまちがっているんじゃないか」とか言われました。家族を否定されるのはすごく辛かった。

――ひどい話です。

Ａ　家族を大事にして仕事もやりがいをもって、というのとは程遠い環境だなと。いやなら辞めればいい。そういう会社なんでしょうね。しかし、そうすると求人自体がまちがいです。

――家族を大事にしながら働ける職場じゃない。

Ａ　そうです。

――働くなら何もかも犠牲にしろと。

Ａ　そういうことは言われる。犠牲にしろと。

――じゃ求人もそう書けよ、ということですね。

Ａ　そうですね。

〈追記〉

Ａさんはインタビューのあと、無事、別業種への転職に成功した。

※１　解体費が加わるため事業費が割高になり収支の悪化につながりやすい。

※２　契約獲得までの進捗状況を意味する社内用語。

※３　初訪＝午前中、支店の建築営業課員数人を車に乗せてある地区まで運び、次々に降ろしていく。各人飛びこみ営業をした後、昼時になると車で拾っていっしょに支店にもどる。大東建託の伝統的な営業手法。

（取材源秘匿のため年齢は伏せました）

第8章　「障害なんて関係ない」絶望の職場

「法制化も視野に入れて検討してまいりたい」——二〇一八年一一月二一日、参議院消費者問題に関する特別委員会で鈴木英二郎・国土交通省都市建設産業局官房審議官は答弁した。ノルマに追いつめられた社員の殺人未遂事件など大東建託が深刻な問題を多発させているさまを日本共産党の山添拓参議院議員が暴露し、法規制と調査を迫ったのに対して、政府がようやく公の場でその必要性を認めた場面である。しかし、その後も立法化の動きはきわめて鈍い。「大東建託商法」が次々と深刻な問題を起こすなか、障害者枠で大東建託に採用された女性からの告発がとどいた。身体の不自由な人に重い荷物を運ばせるといったいじめやパワハラが職場の支店で横行し、病人や休職者、退職者が続出、突然死にもおどろかない異常な世界だという。

怒号がとどろきイスが飛ぶ

二〇一八年九月某日、残暑というには厳しすぎる暑さのなか、私は東京駅から下りの新幹線のぞみ号とひかり号を乗り継ぎ、四時間以上をかけて西日本地方のB市を訪ねた。駅前商店街でかき氷を食べて一息つき、待ち合わせ場所のカラオケ店で元大東建託社員の大泉雪江さん（仮名）に会った。何から話したらいいかわからないという大泉さんに、私は最初の質問をした。

「どういういきさつで大東建託で働くようになったのですか」

「二〇一〇年ごろのことでした。当時無職で何かいい仕事はないかと考えていたんですが、就職セミナーがあると聞いて行ってみました。そこで、大東建託M支店の就職担当社員に声をかけられたんです」

大泉さんの緊張はじきにとれ、心のなかにたまっているものをはき出すように語りはじめた。

――大東建託という会社の名前はテレビCMでよく知っていた。就職担当社員から受ける印象も悪くなかった。そこで大泉さんは応募した。すぐに採用された。

大泉さんは足に障害がある。採用は障害者枠によるものだった。非正規社員なので給料は正社員より低く、退職金もない。それでも「いい仕事がみつかった」と家族とともに喜んだ。

配属先は、業務課という物品管理など雑用全般を担う部署だった。ごくふつうの事務職だろうと思って支店に出社した一日目の朝、目の当たりにした光景に度肝を抜かれた。

「ひとつ、取り組んだらはなすな、殺されてもはなすな、目的完遂までは！」

職場の全員が呪文のように大声で唱和していたからだ。「大東一〇則」と呼ばれる朝礼の〝儀式〟だった。そして、その程度でおどろくのは早かった。

数日後、こんどは支店長の猛烈なパワハラを目撃する。建築営業課の社員たちを、ひとりずつ支店の個室に入れて「ツメ」ていく。激しい物音が部屋の外にまで響いた。机を連打する音、机をひっくり返した音、いすを投げたような音。乱闘しているような騒音に混じって支店長が怒鳴る。

「売り上げは？　見込み客は？　資産あるの？　やる気あるんかおまえ！」

似たような出来事はその後もたびたび起きた。そのうち怖い噂が耳に入ってきた。この支店長は、以前別の支店でも部下にパワハラをはたらいていたが、社員の一人が自殺未遂をするまで追いつめられたという。

猛烈なパワハラは支店長だけではない。建築営業課の課長もまた、頻繁に部下をツメた。

「お前バカか。その窓から飛び降りて死んでしまえ。犬だって命令すれば走ってくるだろう、それができないんなら、その窓から飛び降りてしまえ！」

耳をふさぎたくなるような暴言を平然と投げつけた。契約が取れない社員は人間扱いされていなかった。

大泉さんは入社したことを後悔し、辞めたくなった。だが、現実の厳しさを思うと躊躇した。障害者が働く場は簡単にはみつからない。非正規職だとしても東証一部上場企業で働くというのは何かと恵まれた面がある。

「とりあえず何年か我慢して働いてみよう」

大泉さんは考えなおし、仕事をつづけることにした。

突然死の現場に遭遇

怒号が絶えない殺伐とした職場環境で苦痛に耐えながら働きつづけ、ようやく仕事に慣れたころ、衝撃的な事件に遭遇する。顔見知りになった建築営業課の男性社員Nさんが急死したのだ。四〇歳代前半という若さ。しかも前日に契約を取ったばかりだった。

契約締結を「一筆啓上」と大東建託では呼ぶ。「一筆啓上」を祝ってNさんは当日の夜に酒を飲んだらしい。ふだんは車で通勤していたが、この日は車を会社に置いて帰宅し、翌朝は電車で出勤してくる予定だった。

しかし、朝になってもNさんは姿を見せなかった。契約にともなう仕事がいろいろあった。

「何やってるんだ」

上司らが気をもんでいるところに家族から連絡が入った。

「いま亡くなりました…」

出勤途中の駅で倒れ、病院に救急搬送されたが死亡した。心筋梗塞だった――。

Nさんは元銀行員で、大東建託に転職して数ヵ月目の悲劇だった。前日に取った契約が転職後はじめての業績だった。

「過労死」

突然の訃報を聞いた大泉さんの脳裏にこの言葉が浮かんだ。朝七時から夜の一〇時一一時ごろまで、土日もなく働いていた。遠方からの車通勤だったから、朝は午前五時ごろには家を出ていたにちがいない。帰宅は午前零時をまわっていただろう。支店長や課長から連日罵声を浴びせられていた。過酷な労働環境が命を奪ったのではないかと大泉さんは思った。

すぐにNさんの両親が支店に来た。

「なんで突然こんなことになったのかわからない。毎日帰りが遅くて大変そうだと思っていたが、まさかこんなことになるなんて…」

憔悴した様子で嘆く姿が痛々しかった。この両親も、息子の突然死は過労死ではないかと疑っていた。

「労災になるんじゃないか。手続きの仕方を教えてほしい」

そう支店員に尋ねていた。

一方、会社側の対応はひどいものだった。支店の社員が「労災はちょっと…」とごまかして、労災の申請手続きができないように誘導した。後から伝え聞いたところでは、上から次のような指示が出ていたという。

〈労災扱いにはしない。余計なことを言ってはならない〉

上司らにとっては、部下の命よりも「契約」のほうが大事なのだ。箝口令が敷かれ、Nさんが契約を取った顧客に急死の件は隠された。顧客の気が変わって契約解除になるのを恐れたのだろう。不審に思った顧客に問いつめられ、本当のことを打ち明けたのは死亡から何ヵ月も過ぎてからだった。

社員が突然死したというのに、まるで何事もなかったかのように社員らは平然と仕事をしていた。この光景にも大泉さんは衝撃を受けた。

身体障害者に重荷を運ばせる

激しいパワハラはもっぱら建築営業課で起きたが、大泉さんのいる業務課にもいろいろと問題があった。

大泉さんの同僚に片手の不自由な女性社員がいた。上司らはわざわざ彼女に重いコピー用紙を運ぶ仕事をさせた。五〇〇枚入りの包みが五個入った箱で、ひとつが一〇キロ以上ある。毎日これが何箱も業者からとどく。片手しか使えない女性にそれを倉庫まで運ばせたのだ。片手ではとても無理なので、彼女は箱を開けて包みをひとつずつ指でつかむようにして運んだ。上司も含めて周囲の健常者の社員らは誰も手伝わない。パソコンのデータ入力など体が不自由でもできる仕事がほかにあったが、それをさせようとはしなかった。

「きつい」

彼女はそうこぼしていた。片手を酷使するあまり、とうとう肘を痛めた。例によって会社は労災扱いにしなかった。やがて女性社員は辞めてしまった。

足に障害がある大泉さんも似たり寄ったりの扱いを受けた。足に負担がかかるので重い物を持つことは医者に止められている。しかし、そんなことはかまわずコピー用紙やジュースの箱など重量物を運ばされた。支店の引っ越しがあったときも重い荷物を運ばされた。

大泉さんはしゃがむ姿勢を取ることができない。無理にしゃがむと足に大きな負荷がかかる。それをわかった上で、上司らは社有車の下をのぞいて点検する仕事を命じた。机の下にかがみこんでパソコンの配線をつなぐ作業もさせられた。苦痛をこらえて無理な作業をする傍らで、上司らは暇そうにゲームに興じた。

ある真夏の日には、現地説明会の応援に行かされ、高温になったテントのなかで長時間待機させられた。熱中症寸前の状態に陥ったが、応援や交替はなかった。部下の健康を気づかうという発想は上司らにはまったくないのだ。

こうした理不尽なやり方に耐えかねて、職場環境の改善を求めて上司に訴えたこともある。

「できない仕事を無理にさせるのはおかしいのではないでしょうか」

返ってきた答えに大泉さんは耳を疑った。

「アルバイトになる?」

上司はそう言ったのだ。

ファックスの操作をまちがえて「ピー」と音がしただけで、「何回ピー鳴らしてるの。うるさい!」と文句を言う者がいれば、「あいつ死ねばいいのに」などと露骨に他の社員の悪口を言う者もいた。悪口にはうまく調子を合わせないと機嫌を損ねてしまい、小言が増えた。

数年がたち、周囲を観察する余裕がでてくると、支店の社員の多くが心身を病んでいることに気づいた。休職や傷病手当の手続きをするのは業務課の仕事だからよくわかる。

下痢がとまらない、急性胃腸炎、精神的苦痛。平均月にひとりは病気休職者がいた。退職者も頻繁で、二ヵ月にひとり位は辞めていった。在職期間は総じて短く、一日来ただけで辞めた社員は、大泉さんが知っているだけで五人もいる。ある若い男性は、朝出勤してきて朝礼で大東一〇則を唱和し、飛びこみ営業に出て行ったものの、二時間ほどして業務課に電話をしてきて「無理です」と退職を申し出た。

別の新入社員は、泊まりがけの研修に行く資金がないという理由で辞めた。「研修」のために遠方の支店に出張するよう突然命じられたのだが、何万円もの費用を自分で立て替えねばならず、その金がなかったのだ。

上司が意図的に退職に追いこんだと疑われる例もあった。成績が出せない社員をわざと遠方の支店に異動させる。当然通勤に時間がかかる。加えて、慣れない場所なので、まず業績はだせない。長時間労働を強いられたうえに叱責され、会社に残るのが苦痛となる。そうやって「自主的に」退職に追いこむという陰湿なやり方だ。

顧客に金を借りていることが発覚してクビになった人もいた。事業費が予定よりも増えたために、顧客がアパート建設をやめたいと言い出した。それをなだめるために、増額分を社員自身の自腹で出すと約束をして顧客に借りた。それが会社に発覚して解雇されたのだ。

支店員が辞めてもほかの社員の関心は低かった。ある日忽然と姿がなくなる。「ああ辞めたのね」で終わりだ。社員が辞めるときは業務課が諸手続をする。彼らはきまってこんな電話をしてきた。

「いま支店長はいますか?」

「いま課長はいますか?」

上司の顔など見たくもないというのがふつうで、挨拶する者はまれだった。

不正はありふれていた

不正の類は周囲にありふれていた。

・融資申し込みの際に通帳残高を偽装する。
・着工のめどがないのに見せかけの契約（架空契約）をする。
・「ランドセット」契約[※1]で、土地の売買がなされていないのにそこにアパートを建てる契約をする。

建築営業課員によるそういう不正が多かった。あまりに不正が頻発するので、大泉さんのいる業務課の仕事に「契約書類の点検業務」が加わった。といっても、せいぜい残高を証明する預金通帳のコピーについて、表紙と内部のページが同じ銀行のものかどうかを確認したり、土地の登記簿謄本をとって本当に売買がされているかを確認するといった程度が関の山だ。根本的な解決にはほど遠い。

不正とは言い切れないが、ランドセット用に買った土地が、じつは過去に自殺や殺人事件が起きた場所だと後になってわかることがある。問題のある土地だと家賃が下がるなどして紛争になりかねない。そこで、ランドセットの土地について事故や事件の有無をインターネットで調べるという作業を業務課でやるようになった。

それでも、架空契約など問題のある契約は後をたたなかった。本気で防ごうとしているようにも思えなかった。

業務課でも不正はあった。営業などで使う社有車の管理は業務課の仕事だが、ある上司は、本来なら会社に請求すべき修理費用を、運転していた社員に払わせていた。

車体をこすった傷やたばこで焼いた内装の交換など、一件一万円程度から二〇万円くらいの修理を、「おまえら自分で修理しろ」と営業社員らに自腹を切らせたのだ。自分の給料の査定をよくするために修理の件数を減らそうと考えたらしい。これについてはさすがに営業社員らから苦情が出て本社で問題となり、あらためられた。

大泉さんが退職を決意したのは体調を崩したからだ。殺伐としたなかで何年も働いているうちに精神状態に異変がおきた。眠れない、涙がでる、朝になると胃のあたりが痛む。病院で診察を受けるとうつ病と診断された。もはや限界だ。そう感じて退職する。非正規だから退職金はない。送別会はおろか、上司からのねぎらいすらなかった。

――

大泉さんの話が一区切りついた。気がつくと何時間もの時間

「身体障害者に重い物を運ばせるなど、配慮はいっさいなかった」と話す大泉さん（仮名）

がすぎていた。私はこんな質問をした。

「二〇一五年一二月、松本支店の建築営業社員が顧客と家族をハンマーで殴り瀕死の重傷を負わせる殺人未遂事件が起きました。当時、事件のことは社員に知らされたのですか[※2]」

大泉さんは答えた。

「会社や上司からは何の説明もありませんでした。事件があったこと自体知りませんでした」

事件のことは従業員に知らされていなかったという。私はおどろいた。だが、大泉さんは平然とした様子で言う。

「何があってもおどろかない会社です。以前、セミナー会場のホテルに〝爆弾をしかけた〟と電話して逮捕された建築営業の社員がいました。セミナーには顧客を二～三人連れていかないといけない。ノルマがあるんです。それができないと支店長に叱られる。苦しくなってやったのでしょう。爆弾騒ぎを起こせばセミナーが中止になる。ノルマから解放される。そう考えたのだと思います」

犯罪をやってでも楽になりたい。それほど追いつめられている社員がたくさんいるというのだ。大泉さんがつづける。

「〝どうするんだ〟と上司にツメられて〝…と思います〟という答えは大東建託では許されません。〝やりますだろうが〟と怒鳴られる。そしてそのあと小言が何時間もつづく。感覚がおかしくなっていきます。最初はびっくりする。しかしすぐに麻痺する。社員がパワハラや過労で辞めても〝辞めたんだ〟で終わり。怒号がしている脇でも平然と仕事ができるようになる。自分にかかってこなければいいと思うようになる。誰も助けない、助けてくれない。ぎょっとするのは新人だけ。怖いことだと思います」

冷房の利いたカラオケ店から外に出ると、湿気を含んだ熱気と西日に照りつけられてまた汗がにじんできた。

「最初はびっくりする。しかしすぐに麻痺する。それが怖い」

新幹線を待つ間、私は大泉さんの言葉を思い出して軽い戦慄をおぼえた。

※1　本書第1章参照。自分の土地にアパートを建てるのが一般的だが、土地を購入してそこにアパートを建てる方法がある。これが「ランドセット」で近年増加している。事業費が膨らみトラブルになりやすい。

※2　松本支店の建築営業社員が、業績をあげるため、顧客らからカネを詐取するなどしたあげくに客に無断で架空契約を結んで工事を進めるなどの不正をくりかえし、憤慨する顧客をハンマーで殴打した事件。『大東建託の内幕』参照。

（取材源秘匿のため年齢は伏せました）

第9章　「殺すぞ！」「飛び降りろ！」
――罵声が絶えない職場でうつ症状が悪化

前章で紹介した女性につづいて、障害者枠で採用された別の女性からも職場環境のひどさについて告発があった。東京近郊に住んでいるとのことだったのですぐに会いにいった。ハローワークで見つけてパートタイマーとして働きかけたが、職場に一日中とどろく罵声を浴びているうちに体調を悪化させ、数ヵ月で退職を余儀なくされたという。「大東建託に障害者を雇用する資格はない」と女性はくり返す。

ハローワークで見つけた障害者採用

「誰かに言うつもりはなかったのですけど、あの職場のひどい実態を知ってほしいと思い、お話しすることにしました」

二〇一八年一二月下旬のおだやかな昼さがり、首都圏のとある賑やかな町の駅前喫茶店の狭い席で、米田須美さん（仮名、四〇歳代）はゆっくりと言葉を選ぶように話しはじめた。

——関東地方の大東建託某支店でパートタイマーの仕事に就いたのは二〇一七年夏のことだった。障害者雇用である。

米田さんは、過労と親の急死などがきっかけで数年前にうつ病を発症、以来無理のできない体になった。精神障害二級の認定を受け、二ヵ月で二〇万円ほどの障害者年金を受け取っている。それだけでは生活が苦しい。働きたいが、かといって常勤の仕事は体の負担が大きすぎる。

「殺すぞ」「飛び降りろ」などの暴言が飛ぶ職場で働いていた米田さん（仮名）。うつ病が悪化したという

「無理なく働けるいい仕事はないものか」と近くの職業安定所で探していたところ、目にとまったのが大東建託だった。

「一般事務、時給一〇〇〇円のパート労働者」

求人票にはそう紹介されて

いた。非正規雇用で三ヵ月ごとの契約更新だ。勤務地の支店の住所を見ると家からそう遠くない。これならできるかもしれないと米田さんは興味を持った。

面接のために支店に行くとKという支店長が現れた。見た感じでは年齢が四〇くらい、やや小太り。終始にこやかだった。簡単なやりとりで、すぐに採用が決まった。

「がんばってね」

笑いながら話すK支店長の第一印象は悪くなかった。支店のなかはきれいに片付いていて雰囲気がよい。米田さんは明るい職場を想像した。

面接には本社から来たという幹部社員もいた。採用がきまってほっとしていると、この幹部社員が妙なことを言った。

「支店長はちょっと怒鳴ったり言葉が悪いけど、大丈夫？」

真意をとりかねたが、もしかしたらパワーハラスメントのことだろうかと米田さんは思った。パワハラなら昔働いていた会社で経験がある。公衆の面前で反省の弁を言わせるといった理不尽なことを強いる「体育会系」の会社だった。だが、その会社は株式上場し、以後はおとなしくなった。

「上場企業というのはコンプライアンスを守るものだ」

自身の体験から米田さんはそう思っていた。大東建託は東証一部上場企業で、かつテレビCMを派手にやっている有名企業だ。怒鳴るといってもたいしたことはないだろうと想像した。

何より、K支店長の笑顔を見ていると、ひどいことをする人物にはとても思えなかった。大丈夫かと尋ねる幹部社員に米田さんは答えた。

「大丈夫です」

この「大丈夫？」の意味を知るまでに時間はかからなかった。

出勤初日。「朝一〇時に来てね」というK支店長の指示どおり、米田さんは午前一〇時少し前に支店に到着した。ビルの二階に上がり、戸口に近づいた。開けようとしておどろいた。ガラス戸の奥で男のわめき声がしている。思わず躊躇したが、意を決して戸を開けた。わめき声が一段と大きくなった。広い支店のフロアの隅々まで響きわたる大声だ。

「俺の足を引っ張るな！」

「ここ（支店）が廃止になってもおかしくないんだ！」

声の主は、面接で会ったK支店長だった。声を張り上げて部下らしい男性を激しく叱責している。どうやら朝礼をやっているらしい。面接のときには好人物にみえたK支店長が、まるで別人のような険しい形相をしている。何をわめいているのか、何が起きているのか、米田さんにはわからない。

配属されたのは業務課だった。課員が席を案内し、仕事の内容を説明してくれる。労務管理や物品の管理など支店の雑用をするところだという。そんな用事をしている間もK支店長の怒号はつづいていた。新人のパートタイマーが出勤してきたことなど眼中にない様子だ。

少し時間がたって落ち着いてくると、だんだん事情がのみこめてきた。怒鳴られているのは建築営業課という部署の社員のようだ。成績が悪いことを延々ととがめられている。ようやく終わったと思うと、別の部下がまた叱られる。

何時間たっても罵声はやむ気配がない。とうとう、米田さんが退社する午後四時がきた。怒号のなか、支店を後にした。帰宅するとぐったりと疲労感をおぼえた。以前経験したパワハラなど到底比べものにならないひどさだった。

終日罵声がする職場

たまたま出勤初日に支店長の機嫌が悪かったのかもしれない。米田さんは当初そう思った。だがちがった。次の出勤日も、その次も、いつも同じ光景が展開された。怒鳴り声を聞きながら出勤し、怒鳴り声のなかを退社する。それがこの支店のごくありふれた日常なのだ。

建築営業課の社員は一〇人ほどいた。大半が男性で、その全てが支店長に叱られる対象だった。叱責の内容も理不尽きわまりないものばかりだ。

建築営業課の社員らは、朝礼が終わると顧客宅への訪問や飛びこみ営業のために外出することが多いが、もちろんそれだけではない。書類作りなど支店内でやる仕事もある。ところが支店長は、営業社員が支店に残っていると激しくなじるのだ。

「おまえらいつまでいるんだ！」

「さっさと出ろ！」

デスクワークは勤務外の時間を使ってやれと言わんばかりだった。

「殺すぞ、こら！」

「(支店の二階から) 飛び降りろ！」

耳を疑う暴言もしばしば出た。暴言を浴びた社員のほうは、直立不動のまま黙って耐えるのがふつうだ。「申し訳ないです」と支店長に謝る者もまれにいたが、この反応の仕方は火に油を注ぐ結果をもたらした。「申し訳ないじゃねえんだよ！」などと激高して手に負えなくなるのだ。だから沈黙がもっとも賢明だと建築営業課員たちは知っている。

あるときは、顧客の家庭の事情で解約やむなしという状況になったのが理由で叱責が行なわれた。担当社員の責任ではないのにK支店長は不機嫌になって責め立てた。

「おまえがよけいなことを言うからこんなことになるんだろう！　べらべらしゃべってんじゃねえよ」

「息子を説得してこい！」

顧客のことなど何も考えていないんだと米田さんは嫌な気分になった。

部下の人格をおとしめる発言も横行した。あるとき、建築営業の男性社員のズボンの股付近に汚れがついているのを支店長が見とがめて、女性社員もいる前で罵倒した。

「おまえ、これ何かのあとじゃないか。こんな営業マン来たらどうするんだ」

部下に対する露骨な侮辱発言に、さすがに課長のひとりが「いまの（発言）アウトです」とたしなめた。支店長に悪びれた様子はなかった。

「俺の足を引っ張るな！」というのがK支店長のよく口にする言葉だった。その意味を支店員が教えてくれた。

〈以前いた支店は業績がよかった。しかし、いまの支店はすこぶる業績が悪い。業績が悪いと支店長の給料・手当も低くなる。それが気に入らないので怒鳴り散らしている〉

やがて給料日がきた。この日支店長がとった態度が印象的で、米田さんはよく覚えている。自分の給料明細を見たとたん、周囲に聞こえる大声でこう言ったのだ。

「バイト代かよ！」

自分のことしか考えていない人なのだと米田さんは確信した。

支店長に気をつかう

米田さんは業務課なので支店長に叱られることはなかったが、怒鳴り声がうるさくて仕事の邪魔になるのには閉口した。来客の対応をしていても騒音で会話がさえぎられてしまう。

「来客中です。静かにしてください」

そう大書きした厚紙を課で用意し、必要に応じて掲げる対策をとったが、効果の程は疑問だった。かといって、「怒鳴るのはやめてください」と直接注意する勇気ある課員もいない。支店長は絶対権力者だった。

もっとも、罵声がやむ「平和」な時間もなくはなかった。建築営業課員が全員外出してしまい、怒鳴る相手がいなくなるときだ。このときばかりは静かになる。しかし安堵の空気には程遠かった。支店長は少しの物音にも過敏に反応する。だから、気分を害さないよう気をつかわなければならなかった。

「シュレッダーの音がうるさいというので、支店長がいるときは書類の廃棄ができませんでした。書類が七〇～八〇センチの山をなしていました。私は定時で帰りましたが、たぶん業務課の社員が残業して処理していたんだと思います。仕事の話をしただけで〝にやにやするな〟と叱られた社員もいます。仕方なく階段でコソコソ打ち合わせをやる。そんな有様でした」（米田さん）

それでも、いくら支店長がひどい人物だったとしても、同僚や先輩に理解があればまだ救われたはずだ。米田さんがいた業務課の職場は、罵声こそなかったものの雰囲気はよくなかった。出勤して「おはようございます」と先輩にあいさつしても返事があったためしがない。わからないことを気安く聞く空気もない。仕事に没頭できれば気も紛れるが、手持ちぶさたで何をしていいかわからず、とまどう場面もよくあった。かたときも気の休まらない職場だった。

昼休みになるとひとりで外出し、コンビニのおにぎりを一個食べて時間をすごした。

一日中怒鳴り声のする気づまりな職場に通って約一週間、米田さんは持病のうつ病を悪化させた。出勤日の朝になると「また一日あの罵声を聞くのか」と思い、体が動かなくなる。不眠や不安の症状も出てきた。

かかりつけの病院で診察を受け、事情を話した。医師は「ひどいですね」とおどろき、休職を要する旨の診断書を書いた。診断書には、職場環境に原因があると付記された。米田さんはこの診断書を職場の上司に提出し、体調をみながらときどき休むようにした。もちろん、できれば働きつづけたい。だから職場環境が少しでもよくなることを期待した。月一度のカウンセリングがあったので、直属の上司に訴えた。

「支店長の怒鳴り声を聞くのが辛い」

しかし上司はこう言うだけだった。

「支店長はああいう人なんで、聞き流してね」

これではとても改善は期待できないと米田さんはがっかりした。

子どもを怒鳴っていた

話ができる相手は多くはなかったが、そのひとりだったパートの女性が、あるときこんなことを言った。

「毎日怒鳴り声を聞いていると、知らず知らず子どもを怒鳴っていたんです…」

劣悪な職場環境で心をむしばまれているのは自分だけではないのだと米田さんは思った。続々と社員が辞めていった。いつの間にかいなくなるという辞め方だった。

もとはと言えばハローワークを通じてみつけた仕事だ。あまりものひどさに我慢できず、米田さんはハローワークの職員に事情を話した。

「こういうところを紹介してもいいのですか？」

職員は困惑ぎみに答えた。

「辞めたほうがいいですね…」

働きはじめて数ヵ月後、このままでは体を壊してしまうと思い、辞める決心をした。退職した後はしばらく静養に努め、無事に体調を回復した。

「大東建託は障害者を本気で雇用する気はなかったと思う。採用しているという実績だけがほしかったのではないでしょうか」

それが実感だ。

「大東建託に障害者を雇用する資格はない。ハローワークも同社の求人をのせるべきではありません」――

米田さんは話を終えると、「お話しして少し楽になりました」と笑顔をみせ、席を立った。

※　障害者の雇用促進等に関する法律により、事業主は常時雇用している従業員の二・二％以上の障害者を雇用することが奨励されている。法定数に足りていない場合は、一〇〇人以上の事業所は不足一人あたり月額五万円の「障害者雇用納付金」を払わなければならない。一方、二・二％を超えて雇用すると、超過一人あたり二万七〇〇〇円の「障害者雇用調整金」を受け取ることができる。

この数字は二〇一八年一一月現在のもので、二〇一〇年ごろ当時の法定雇用率は一・八％だった。分母となる従業員の数は、一年以上の勤務（予定）があって、週二〇時間以上働く従業員の数で、グループ企業の子会社であっても労働局が認定したものであればよい、とされている。虚偽申告をした場合は三〇万円以下の罰金という罰則がある。

第10章 のど元つかみシャツ破る、三〇キロ超を徒歩で帰社命令
――やりたい放題の暴力支店長を告発

部下ののど元をつかんで突き飛ばしたり、三〇キロ以上ある道のりを徒歩で帰社させるといった激しいパワーハラスメントをはたらく大東建託の支店長がいるとの情報が、二〇一八年の暮れ、複数の社員によってもたらされた。被害に遭ったり目撃した部下らは、厳正な処分を求める嘆願書を社長に出した。だが処分らしい処分はなされていないという。

国道三〇キロ超を「走って帰れ」

「処分といっても近隣の支店に降格されただけです。納得できません。懲戒解雇は当然ですよ」

北風が冷たい一二月の高松市。暖房の効きが悪いビルのロビーで、元高松支店社員の男性は憤りをこめた口調で言った。暴言にはじまり、殴る蹴るの暴力、はては土下座の強要――。乱

車から降ろして30キロ以上ある道のりを「走って」帰社させた事件の現場付近の国道（徳島県山川町）

暴狼藉の数々が問題視されているのはOという男性支店長だ。二〇一八年夏まで高松支店長の座に就いていた人物である。パワハラ行為をとがめられて岡山東支店の建築営業課長へと一段階降格になったが、そんなものは「処分のうちに入らない」と納得することができない。そして、同様の不満を多くの社員が持っているという。

以下はO氏を知る複数の社員らの証言に基づくことの経緯である。

――O氏は徳島支店と高松支店でそれぞれ支店長を務めていた。徳島から高松に異動したのは二〇一八年四月のことだった。どちらの支店でも激しいパワーハラスメントを行った。異動をはさんだ同年三月～七月の三ヵ月間だけで八〇件ちかい問題行動が部下らによって確認され、録音や写真などの証拠とともに本社に通報されている。なかでも激しいのが徳島支店で起きた「三〇キロ徒歩帰社強要事件」である。

事件は二〇一八年三月二四日土曜日に起きた。被害者は徳島支店の建築営業課長のY氏だ。この日の昼ごろ、Y課長は数人の部下とともに車で徳島支店を出発し、県西部の顧客宅に向かった。得意にしている顧客が会社を設立し、その祝賀会に出席するためだった。顧客サービスの一貫である。

部下の運転で吉野川沿いに国道一九二号線を西に一時間ほど走ったとき、Y課長の携帯電話に着信があった。徳島支店にいるO支店長からだ。Y課長が電話に出るとO支店長は憮然とした口調で尋ねた。

「何をしているのか?」

「オーナーさまのところに向かっています」

Y課長は説明した。この回答にO支店長は「そんな話は聞いていない」と憤慨した。そしてこんな命令を出す。

「すぐに車を降りて徳島支店まで走って帰ってこい!」

時刻は午後一時半ごろ。Y課長はO支店長の言いなりに車を降り、国道をとぼとぼと歩きはじめた。降りた場所は徳島県山川町付近だった。徳島支店まで三〇キロ以上も離れている。一時間に四キロのペースで休みなく歩いたとしても八~一〇時間はかかる。Y課長のいでたちはスーツに革靴。体型は太っていて運動は得意ではない。

さらにＯ支店長は別の部下に対して「携帯電話のＧＰＳ機能を使って二〇分おきにＹ課長の移動状況を見張れ」とも命じた。途中でバスやタクシー、電車などの乗り物を使わないようにするためである。

日が暮れたころ、Ｙ課長は徳島支店にたどり着いた。待ちうけていたのはＯ支店長の尋問だった。徒歩で帰ったにしては早すぎると支店長は不信を抱き、「乗り物を使ったのではないか」と追及したのだ。厳しい追及に、Ｙ課長はたまらず〝自白〟する。

「バスに乗りました」

これにＯ支店長は激怒し、さらなる制裁を加える。部下に命じて、バスに乗ったという吉野川沿いの停留所まで車でＹ課長を連れ戻し、二〇キロ以上の行程をあらためて「走らせた」のだ。ほうほうの体でＹ課長が支店にたどり着いたのは午後一一時。当時支店に残っていた社員らによれば、Ｙ課長は疲労困憊しており、スーツも靴もぼろぼろになっていたという。

Ｏ支店長の虐待はそれでも終わらなかった。支店で待ち構えていたＯ氏は、Ｙ課長をいたわることもなく次の指示を出す。

「支店に残って、明日までに顛末書を一〇〇枚書け」

そう言ったのだ。これについても、手抜きをしたり居眠りをするなどの「不正」をしないよう、近所に住む支店員に監視を命じた。そして自分は帰宅した。

Y課長は翌日曜日の朝七時までかかって五〇枚の顛末書を書き、残りも支店で書きつづけて一〇〇枚を仕上げた。月曜日の朝、顛末書の束を手にしたO支店長は、Y課長に命じてシュレッダーで破砕させた。

「証拠隠滅をはかったのだろう。O支店長はずる賢い」

これが支店員らの共通認識である。

シャツ引き裂き事件

事件はたちまち支店内外に知れわたったが、O氏に処分はなく、支店長の地位も揺るがなかった。徳島支店長から高松支店長に異動したのは一週間後のことだ。そして、新しい職場の高松でもすぐに事件を起こす。このときの被害者はKという別の建築営業課長だ。

二〇一八年四月一三日午前八時五〇分、高松支店の朝礼がはじまる直前だった。いつもなら朝礼の指揮をとるO新支店長が、この日はK課長といっしょに会議室に入り、戸を閉めた。次の瞬間、支店長の怒鳴り声とともに物を投げるような大きな物音がした。当時支店内には四〇～五〇人がいたが、全員がこの状況を目撃している。

顧客の「進捗状況」（計画の見通し案）をK課長が変更した。やむを得ない理由があったからなのだが、O支店長はそれが気に入らず朝からK課長を叱責していた。会議室に入ったのはその流れである。

支店長とK課長抜きで朝礼がはじまった。しばらくたったが会議室から二人が出てくる気配はない。O支店長に用事があった社員が戸を開けた。

「空気を読め！」

会議室のなかにいたO支店長に怒鳴られ、彼はあわてて戸を閉め直した。とうとう朝礼が終わり、建築営業社員らは外回りの仕事に出て行った。会議室の戸が開いたのは昼休みが終わった午後一時ごろ、密室での詰問はじつに四時間に及んだ。

会議室から出てきたK課長の姿に支店員らはおどろいた。ワイシャツが一〇センチほど裂けている。また、のど元に赤い傷もあった。

支店長の横暴ぶりに憤りをおぼえた支店員のひとりが、O支店長に発覚しないようひそかにK課長から事情を聴いた。その内容はこうだ。

〈会議室に入ったとたん、O支店長はK課長のYシャツののど元を片手でつかみ、突き飛ばした。「ここまでされたらもうついていけません」と抗議して部屋を出ようとした。しかし引き戻され、延々と詰問された〉

のどの傷は支店長につかまれたときにできたらしい。O氏の爪は普段から伸びていた。

O支店長による見境のないパワハラの被害者は多数いるが、とくに建築営業のK課長とY課長の二人が集中的に攻撃された。どちらもO支店長が徳島支店時代には同支店の課長を務めた。

O支店長が高松支店に異動してくると、二人の課長も同時に高松に移った。このK課長とY課長をO支店長は子分扱いしていた。

そして、二人のなかでもY課長に対する暴力がことさらにひどかった。徳島支店では三〇キロを徒歩で帰社させられた被害者だが、高松支店でも暴力的な仕打ちを受けていたと社員が証言する。

支店長に暴行を受けた直後のK課長。シャツが破れ、のどに爪の跡がついている（社員提供）

「二〇一八年四月ごろ、O支店長が呼びかけて花見が開かれました。その翌朝、出勤してきたY課長の左頬が腫れているのに気づきました。よく見ると傷がちょうど拳の形をしている。殴られたのではないかと思いながら傷を注視していたら、近くにいたO支店長が、〝それなんで腫れてるんや？　虫歯か？〟とY課長にわざとらしく尋ねた。Y課長は〝虫歯です〟と答えました。虫歯なら赤く腫れるはずです。でも課長の腫れは青かったので不自然でした。そこで、Ｏ支店長のいない場でＹ課長に〝本当はどうなんですか。殴られたんじゃないですか〟とただしたところ、Ｙ課長は〝それ以上言わんとってください〟と口を濁しました。やはり殴られたのだと私は確信しました」

またこんな証言もある。

「Ｙ課長の肩のあたりに大きな青あざができているのを見ました。どうやらＯ支店長はＹさんを自宅に呼びつけ、庭先に正座させて肩のあたりを蹴ったらしい。そのときのあざではないかと思います」

なぜＹ課長をそれほどいじめるのか、はっきりした理由はだれにもわからない。支店の周囲にはこんな噂もある。

〈Ｏ支店長は、名義はちがうが事実上自分が経営している会社を持っている。この会社を使って大東建託でアパートを建てて経営している。社内規定では社員の契約は禁止だが、Ｏ支店長はこっそりやっている。通常の顧客よりも建築費を低く抑えて利回りをよくし、一〇年間の家賃固定・家賃保証という一括借り上げ契約で十分利益が出る仕組みにしている。特定の税理士が関与しているともいわれる。この秘密をＹ課長は知っていて、本社にばらしそうになった。支店長はそれに激怒して口封じに痛めつけたのではないか――〉

「つぶしたらええんや」

O支店長の目に余る乱暴狼藉を前にして、徳島支店と高松支店の社員らは、協力して問題行動の告発に立ち上がる。証拠とともに本社に告発した約八〇件に及ぶ問題行動のなかには、ほかにも次のようなものがある。いずれも高松支店での出来事だ。

〈二〇一八年五月二日夕方　社用車の車内にて〉

「あんなボンクラ殺したらええやん。俺らの道をふさぐ岩になるならどうしたらええと思う？つぶしたらええんや。砕いたらええんや。そういうふうに持ちこむだけや。…こっちから手を回してとんでもない目にあわしてやる」

（供給過剰を懸念してアパート新築に慎重な審査課長について、別の営業課員らに放言した内容）

〈二〇一八年五月一〇日深夜から未明〉

「K課長がY課長に殺意を持つことに意義がある、もしくは二課（建築営業二課＝Y課長）ができない分を（K課長が）カバーするか。もしくはK課長がY課長を殺すかだ」

（O支店長はY課長に対して、一晩中かかってでもランドセット※用の土地を探し、その進捗を一時間ごとに同僚のK課長まで報告するよう指示。Y課長は午前三時までかかって仕事をし、報告もしてい

たが、つい二時間ほどうたた寝した。それに激怒したO支店長が監視役のK課長に言った内容）

〈二〇一八年五月一三日朝〉

「なんで報告がないの？　…やらんのにほしいもんだけくださいってやつ、大嫌いなんよ、ホンマに。やってくれる人は俺は大事にするよ。言ったこともやらん人の言うこと聞くの？　やらしてもくれん女にバッグ買うの？　それと同じですよ！」

（高松支店の支店長席で大声による発言）


〈二〇一八年六月二二日朝〉

「だから何や？　そんなこと今ええんねん。（営業成績が上がらないことについて）どう責任とるんや、こら！　話すり替えるな、こら！　目障りや、黙るんやったら帰れって言うとんや。気持ち悪い、目障りや！」

（顧客からのクレームについて報告したY課長に対する発言）


〈二〇一八年六月二九日朝〉

「（建築営業）二課は今月タコ（契約ゼロ）だろ？　…高松でタコ打つなら（課長を）降格しろよ。はっきり言って邪魔だよ。お客さまのところで（契約）断ってんの？　こいつお客さまのところで何してんの？　お客さまのところでウンコでもしてんの？　テーブルで？　すごいにおいやろ？　口も足も体臭も」

（Y課長と課員全員を立たせて二〇分にわたり責め立てたときの発言）

告発リストには記録されていないが、こんな証言もある。

「Oが徳島支店長時代の出来事ですが、社員旅行で外国に行った帰りの徳島空港で、自分より先にロビーに出た課員に対して怒り出し、土下座をさせた事件がありました」

中国銀行への融資申し込みに不正

O支店長が責任を負うべきはパワハラだけではないと社員らは言う。O氏が高松支店長だった二〇一八年、銀行の融資申し込みをめぐって不正が発覚、解雇者を出す事件が起きた。その責任を取っていないというのだ。

不正が発覚したのは、中国銀行（本店岡山市）に対する融資申し込みをめぐってのことだ。アパート建築資金の融資申し込みは、通常大東建託の社員が顧客に代わって行う。その際、「エビデンス」と呼ばれる顧客の通帳のコピーを求められることがある。このエビデンスについて、高松支店の社員が、顧客本人の物ではない別人のコピーを提出したという。たとえば、

「二〇〇〇万円」の残高が記載されている顧客Aの通帳コピーを、顧客Bや顧客Cという別人の融資申し込みに流用したというわけだ。

中国銀行内部でこの不正が露呈し、大東建託に連絡した。大東建託も内部調査を行って不正を確認した。私文書偽造罪にも問われかねない重大な不正だ。高松支店の最高責任者であるO支店長の責任は大きい。ところが処分らしい処分はない。

パワハラにせよ、不正にせよ、O支店長が厳しい処分を受けないのは不自然だとしながら、ある社員はこう分析する。

「支店長の直属の上司は、執行役員で中四国建築事業部長のY氏です。彼がO氏を守っているように見えてなりません」

社員らから取材をしながら、私は返す言葉がみつからなかった。犯罪に問われてもおかしくないような違法行為や不法行為が毎日のようにくり返されている。この会社に自浄能力を期待するのは無駄なのか。社員が凄惨な殺人未遂事件を起こしてもシラを切りとおす感覚は、大東建託の常識なのだ。その絶望的な息苦しさのなかで、危険を省りみずに上司の横暴を告発した末端社員らの勇気はせめてもの救いだった。

私は、二〇一九年一月二五日付で大東建託に質問を送った。

質問1　徳島支店、高松支店の支店長をされていたOさんが、部下に対して、身体的・言語的暴力を多数回にわたってふるったほか、三〇キロ以上距離がある場所から徒歩で支店まで戻らせる、などの行為をはたらいた旨、当方の取材で確認しています。こうした事実はあったのでしょうか。またこうした行為に対して社内処分は行ったのでしょうか。処分内容はふさわしいものだとお考えですか。
質問2　二〇一八年、高松支店で中国銀行に対する融資申込手続きをめぐって別人の通帳コピーを利用する不正があり、社員二人が解雇処分を受けた旨、当方の取材で確認しています。こうした事実はあったのでしょうか。また同時期に中国銀行への融資申し込みにあたって、福山支店や倉敷支店、岡山支店でも不正行為が発覚したという事実はなかったでしょうか。
質問3　全国の支店などで発覚した銀行融資申込みをめぐる不正行為は何件ありますか。過去三年間の状況をお答えください。

以上

大東建託から回答はなかった。
一方、中国銀行に対して融資申し込み不正に関して取材を申し入れたところ、「お答えする必要はない」との回答にならない回答が電話で返ってきた。内部調査で発見した不正は一九件に及び、金融庁に報告したとの信用性の高い情報もあることから、電話口でこの点についてあらためて真偽をただしたところ肯定も否定もしなかった。

第3部

大東建託だけではない

大和ハウス工業、東建コーポレーション、レオパレス21——大東建託の周辺を取材する過程で、これらの同業社にも数々の問題があることがわかってきた。採算の厳しいアパート計画と知りながら強引に売りこみ、経営が行きづまると容赦なく切り捨てる。この「手口」は各社に共通している。収奪といってもいいような営業のあり方に、果敢に反撃する家主も出てきた。

扉写真：防火界壁の不備などの違法建築により損害を被ったとして家主がレオパレス 21 を提訴、岐阜地裁で審理がつづいている。提訴時の記者会見の様子（13 章参照）

第11章 大和ハウスよお前もか
――築七年で「二〇年一括借り上げ」を一方的に解約

一括借り上げ契約の解除は無効だと訴えた裁判で、解約の違法性を認定した判決が出た――二〇一八年五月下旬、釧路にいる知り合いの弁護士と電話で雑談中、そんな話を聞きつけた。大和ハウス工業が建てて同社の子会社が借り上げていたアパートだという。興味を持った私は、すぐに飛行機を予約して北海道に飛んだ。

Uターンして脱サラ

釧路駅前を前夜遅くに出発した夜行バスは、予定どおり翌日の朝早く札幌に着いた。ファミリーレストランで食事と休憩を取ったのち、私は釧路の弁護士に紹介してもらったアパートのオーナー・清川春男さん（仮名、五二歳）と落ち合った。

「やる必要はなかった。重たいものしょっただけ。ひとつまちがえば破産しなきゃならない」

清川さんは沈んだ口調でそう言うと、いきさつを語った。

――話は一〇年前の二〇〇九年にさかのぼる。文房具メーカーの社員として東京に赴任していた清川さんは、この年、二三年勤めた会社を退社した。年齢は四〇歳。会社員時代の年収は八〇〇万円ほどで不足はなかったが、故郷の北海道で商売をやりたくなったのだ。

北海道に戻った清川さんがまず頼ったのが、かつて札幌で勤務していたころに所属していた異業種の経営者団体だった。そこに顔を出しているうちに、ひとりの男と知り合った。不動産業を営んでいるという。食事にも招かれて次第に親しくなった。あるとき男がこんなことを言った。

「商売もすぐにはうまくいくとは限りません。副収入があったほうがいいですよ」

「副収入」とはアパート経営を意味した。大和ハウスでアパートを建てて賃貸経営[※1]をする。そうすれば安定した賃料収入が得られるという。そんなことができるのならありがたい。ただ、清川さんは土地を持っていない。そんな者にアパート経営ができるのか半信半疑でいると、男は言った。

「話を聞きますか」

「聞きます」

清川さんは答えた。とりあえず話だけでも聞いてみようと思ったのだ。

このやり取りから二週間後、清川さんは男の不動産会社に向かう。大和ハウス工業の社員がそこで待っていた。

大和ハウス工業東京本社（東京都千代田区）

「土地がなくてもアパート経営はできます」

清川さんが空き地を持っていないことをすでに知っていたのか、社員はそう言って構想を説明した。

〈釧路に安くていい土地がある。八〇坪で約二〇〇〇万円。その土地を買ってアパートを建てる。建てた後は大和ハウスの子会社が二〇年間にわたって一括借り上げをする。空室が出たときは家賃を保証をする。資金は銀行融資でまかなう。毎月、家賃収入から返済をすればよい。安定収入になる――〉

なるほど悪い話ではないと清川さんは思った。釧路には土地勘がある。「いい土地」だと社員が言う地域には見当がついた。

「あそこならアパートの借り手がつきそうだ」

そんな気がしてくる。

「いい話ですね」

清川さんは答えた。話は急速に進みだす。

手残り月七万円に不安

しばらくすると、大和ハウスの社員が見積書と試算書を作って持ってきた。内容はこうだ。
・一棟六戸。
・建築費五五〇〇万円、すべて銀行融資でまかなう。
・家賃収入は月に三二万円。
・大和ハウス子会社（大和リビング）が二〇年間一括借り上げをする。
・借り上げ条件は、家賃は最初二年間は固定で、以後見直しができる。
・返済金と管理費をのぞいた利益は毎月約七万円。

建築費は五五〇〇万円だが、このほかに土地の購入費として約二〇〇〇万円が必要だから、総額はざっと六〇〇〇万円になる。社員によれば、退職金で土地代を出し、建築費の五五〇〇万円は全額融資でまかなえばよいという。

五五〇〇万円という建築費を聞いて、清川さんはそれが高いのか安いのか判断がつかなかった。ただ直感として、利益が月七万円というのは収支が厳しい気がした。そこで率直に意見を述べた。

「七万円では厳しいのではないか。もう少し利益が出るようにできないだろうか」

大和ハウスの社員も男も、この意見には取り合わなかった。清川さんは以後もことあるごとに「月の手残り（利益）は、せめて一〇万円はほしい」との意向を伝えた。しかし、いくら言っても、まともに相手にしてくれない。

「銀行のお金が出なければだめだから…」

そんな言い方で話題をそらされた。大和ハウスの社員らは、銀行融資を取りつけることだけに関心があった。

融資の交渉は大和ハウスに一任していたが、ひとつだけ念を押したことがある。「担保を差し出すのはダメだ」という点だ。その条件で無理ならやめるつもりだった。大和ハウス側もわかっているはずだった。

アパート計画が浮上して一ヵ月後、「融資が決まった」と社員から連絡があった。だが、彼は妙なことを言い出した。親名義の実家を担保に差し出してほしいというのだ。

あとから考えれば、ここが計画を白紙にもどす好機だった。しかし清川さんは、しぶる親を説得して実家を担保に差し出すという選択をする。「大丈夫だ」と大和ハウス社員や知人はくり返し言った。それを聞いているうちに、きっとうまくいくと思いこんでしまったのだ。

融資銀行は北陸銀行だった。融資額は四五〇〇万円、年二％の三〇年返済だ。あと一〇〇〇万円ほど資金が足りないので東芝ファイナンス（現イオンプロダクトファイナンス）というノンバンクから一〇〇〇万円の融資を受けた。こちらは年六％の一五年返済だ。

清川さんがあれほど求めていた事業費の圧縮は、とうとう検討されずじまいとなった。毎月の利益は七万円程度。不安の残る内容だが、結局清川さんは契約してしまう。

「利益が一〇万円も出ていないのに怖いな、と思っていた。それなのにどんどん進んだ。融資をつけるためにやっているような感じ。融資がとおったら大丈夫でしょう、という…」

当時の心境をそう言って振り返る。

甘かった試算

二〇一〇年、アパートが完成する。大和ハウスの子会社である大和リビングと一括借り上げ契約を交わした。また同じく子会社の大和リビングマネジメントとの間で管理契約を結んだ。

順調に部屋は埋まり、やがて家賃が入りはじめた。月額約三二万円だ。銀行やノンバンクの返済が二三万円、管理費として一万三〇〇〇円を払う。試算では手残りが七万円だが、実際にはなぜか五万円ほどしかなかった。そこからさらに年約一三万円の固定資産税、そして所得税を払わなければならない。予想以上に厳しい経営内容だった。

加えて、退去時に一〇万円以上の修繕費を取られるなど、予期しなかった出費もしばしばあった。

一方、肝心の起業のほうは不調だった。サラリーマン時代の人脈をあてにしていたが、札幌を何年も離れていたせいもあって役に立たなかった。本業が苦しくてもアパート経営が心強い副収入になるという目算は完全にはずれた。むしろ足を引っ張る格好になった。

築五年目をすぎた二〇一五年、想定外の事態が起きる。固定資産税が二倍に増えたのだ。これも大和ハウスからは聞かされていなかった。もともとがぎりぎりの経営である。資金ぐりに行きづまるのは時間の問題だった。まず、ノンバンクの支払いが難しくなった。返済条件の見直しを求めて話し合いをしていたものの不調になって決裂、仮差し押さえの登記をされてしまう。あわてて弁護士を通じて再交渉し、二ヵ月後に差し押さえを撤回させた。しかし、その間に別の大問題が起きる。

一括借り上げ契約をしている大和リビングが家賃の支払いを停止したのだ。

おどろいた清川さんは、すぐに大和リビングに連絡した。返ってきたのは木で鼻をくったような回答だ。

「一括借り上げ契約と管理契約を解約するので同意してほしい」

一括借り上げ契約書をよく見ると、こんな特約があるのに気がついた。

〈本件建物について仮差し押さえ、仮処分、強制執行、競売、滞納処分による差し押さえの申し立てがあったとき、又は本件建物について登記の変動を命じる判決等の債務名義が成立したときは「何らの通知催告なく」契約を解除できる〉

追い討ちをかけるように、管理会社である大和リビングマネジメントからも管理契約を解消する旨連絡があった。

清川さんは呆然とした。建築を担当した大和ハウスの社員に連絡したが、反応は冷淡そのものだった。「ノンバンクと交渉中であるから待ってほしい」と伝えてもまるで聞く耳を持たなかった。会おうとすらしない。書類を送るから判をつけと命令口調でくり返した。

待ってほしいという清川さんの頼みには理由があった。差し押さえを解除するという内諾をノンバンクから得ていたからだ。そのことも大和ハウス側に伝えたが、解約するという姿勢に変化はなかった。結局、話し合いを一度も持つことなく一括借り上げと管理契約の解除は実行された。

解約後、入居者に対する大和ハウスの対応は乱暴そのものだった。今後家賃は家主に払えという趣旨のことを書いたチラシを各戸に投函しただけだ。入居者の情報を家主はいっさい知らされていない。いくらの賃料をとっているのかすらわからない。入金日も不明。しかも家賃は銀行引き落としにしている。当然のことながら入居者の間に混乱が起きた。退去する入居者が続出した。家賃の取りはぐれも生じた。

五〇〇〇万円以上の銀行債務を抱えたまま、清川さんは待ったなしの状況に陥った。一括借り上げが無くなった以上、独自に客づけをするしかない。銀行と話し合いをつづけながら不動産屋に入居者の紹介と管理を依頼した。幸い空室は埋まった。これまでのように空室保証はないが、その分経費も不要となる。綱渡りの資金ぐりをしながら半年ほどかかって窮地を脱した。

「契約解除は無効」判決

「銀行返済が終わるまで大丈夫だ」と甘言を重ねてアパートを売っておいて、経営がちょっと苦しくなると突き放す。大和ハウスのこのやり方に憤慨した清川さんは、二〇一七年、一括借り上げ契約の一方的解除の不当性などを訴えて、同社を相手取り釧路地裁に損害賠償請求訴訟を起こす。※2

訴えの趣旨はこうだ。

・形式的に差し押さえ申し立てがされただけで一方的に解約できるとした一括借り上げ契約の特約条項は無効である。

・仮に特約条項が有効だとしても、契約解除が認められるためには当事者間の信頼関係が破壊される必要がある。ノンバンクからは差し押さえ解除の内諾を得ていたのであるから、信頼関係は破壊されていない。

・よって、大和リビングが一括借り上げ契約を解除したのは違法である。

これに対して大和リビング側は次のような反論を展開した。

・一括借り上げ契約の解除特約条項は有効である。

・信頼関係は失われている。清川さんがノンバンクと交渉をはじめたこと自体が信頼関係喪失の証拠である。

・清川さんとは連絡が取りづらく、事情を聞くことができなかった。

・よって一括借り上げ契約の解除は有効である。

はたして一審判決は、一方的解約を定めた特約そのものは有効だとした上で、大和リビングの契約解除は無効だと判断、未払いの家賃保証分六六万円あまりの支払いを命じた。

「契約は清川春男と大和リビング相互の信頼関係が基調となっている」

「無催告解除ができる程度に信頼関係が破壊されたとはいえない」

「(大和リビングは)本件差し押さえの事実を知った時点において原告に本件差し押さえに至った経緯等を尋ねるなどして本件特約に基づく解除ができるかどうか調査すべきであった」

などと判決理由を述べた。

大和リビング側はこの判決を不服として札幌高裁に控訴した。しかし控訴は棄却された。さらに最高裁に上告して争ったがこれも不受理となって敗訴が確定した。

「大和ハウスは東証一部上場企業で利益も出している。テレビでもやっている。だから信用した」

これが契約当時の清川さんの心境だった。その企業イメージは一連の騒動を通じて一八〇度ひっくり返る。

一括借り上げ契約の解除無効を言い渡した判決文を手にする清川さん（仮名）。アパート事業に手を出したことを後悔している

「あとで知ったことですが、建築費が相場よりもかなり高い。坪七〇万円は高すぎる。相当利益をとっている。客が払えなくなろうが関係なし。払えなくなったら切り捨てる。そういうことだったんです」

すべてのはじまりは、異業種の経営者団体で知り合った男の誘いがきっかけだった。

その人物が、じつは大和ハウスから成功報酬をとっていたことを清川さんは後に知る。男が親切だったのは、自分の金銭的利益のためだったのだ。

　裁判は勝ったものの前途が厳しいことに変わりはない。ため息まじりに清川さんは最後にこう言った。

「会社を辞めて退職金があった。だからカモにされたんですね。何やっているんだと親に叱られた。後悔しています。空室が出れば、たちまち返済できなくなる。家賃が下落する心配もある。そうすれば破産です。だまされました」

※1　大和ハウス工業の賃貸アパート管理戸数は、二〇一八年三月末時点で、約五四万戸、オーナー会会員約三万五〇〇〇人、一括借り上げ入居数九七・三%という。
※2　釧路地裁平成二九年（ワ）二四号、同五七号。

第12章 東建コーポレーションにだまされた
――営業マンの嘘を家主が告発

二〇一九年春、東建コーポレーションで建てたアパートの家主だという男性から連絡があった。三〇年以上大丈夫だという話を信じて始めた事業だったが、毎月の家賃収入が平均四〇万円、返済も四〇万円で最初から収支は赤字。そして築後わずか七年目の今年、東建は一括借り上げ契約を一方的に解除した。「だまされた」と男性は電話口で嘆いた。

大東建託が断った案件

「東建コーポレーションにだまされました」

古い木造の自宅の台所で、テーブルに積み上げた書類を前にして入山四郎さん（仮名、四八歳）は険しい顔で言った。

愛知県某市の郊外で高齢の母親と暮らしてきた入山さんは、七年前、自宅に隣接する二〇〇坪ほどの土地に木造アパート一棟八戸（１Ｋ）を東建コーポレーションで建てた。それを子会社の東建ビル管理が一括で借り上げる形で経営をはじめた。空室が出た場合でも東建が空室保証をするという契約である。この一連の契約が入山さんを苦しめている元凶なのだ。

アパートを建てた二〇〇坪の土地というのは母親の名義で、長年遊ばせていた場所だった。

「この土地を使って副収入を得ることはできないか」

あるとき入山さんはそんなことを思いつく。ここがはじまりだった。当時「土地活用」という言葉がはやっていた。

入山さんの年収は一〇〇万円～二〇〇万円。零細の自営業とアルバイトで得る金である。加えて母親の年金がおよそ同額ある。なんとか生活はできたが、もう少し余裕がほしかった。

「土地活用」の具体的な方法として入山さんの頭に浮かんだのは二つの方法だ。アパートとソーラー（太陽光）発電である。このうち、まずアパート案について検討してみようと大東建託と東建コーポレーションの最寄りの支店にそれぞれ電話をした。この二社を選んだのは、どちらも有名な会社だったからだ。

大東建託は電話で断ってきた。一方の東建は興味があったらしく、すぐにＢ支店の社員が来た。そして言った。

「やりましょう」

東建の社員は以後頻繁に入山さん宅を訪れるようになった。Ｋという営業課長だった。押しの強い若い男で、入山さんがまだはっきり「やる」と返事をしたわけではないのに、たちまち青写真を作って提案した。ソーラー発電の案もあったはずだが、いつしかこれは立ち消えとなり、アパートをやるしかない雰囲気になった。

　K課長の提案はこうだ。

〈二階建て八戸の木造アパートを一棟建てる。総事業費は七五〇〇万円――〉

入山さんに金銭の貯えはほとんどない。その点を説明するとK課長は答えた。

「資金は全額借り入れで、できます。融資の申し込みはこちらにまかせてください」

　お金がなくてもできると聞いて入山さんはがぜん乗り気になった。安定した家賃収入のある不安のない生活が、入山さんのなかで現実味を帯びた。東建が東証一部上場企業であることは知っていた。テレビの全国放送でCMもやっている。いい会社だ――そう思いはじめると何もかもがよく見えてきた。K課長は書類をいろいろ作って持ってきたが、そんな仕事ぶりも入山さんの目には「さすが大企業だ。ちゃんとやっている」と好印象に映った。

　こうして話はとんとん拍子に進み、具体的な収支の検討に入った。といっても東建が作ってくる資料を見るだけである。

〈部屋の間取りは1K。都心ではないので家賃は五万円程度。常に満室になったとして、駐車場代込みで毎月五〇万円あまりの収入になる。管理料などを引いて四〇万円強が入山さんに払われる。そこから金融機関の返済を行う。三〇年、または三五年をかけて負債を払い、完済し

た後は家賃の全額が収入になる――〉

聞けば聞くほどいい話だ。

やがてK課長から「融資元が決まった」との連絡があった。最初の疑問がここで生じる。日本政策金融公庫の二〇年返済だというのだ。三〇年～三五年の返済だとばかり思っていたのに二〇年返済とはどういうことか。いったい月の支払いはいくらになるのか。入山さんの問いにK課長は説明した。

「約四五万円です」

四五万円とは家賃収入とほぼ同額だ。これでどうやって経営が成り立つのだろうか。入山さんは不安になった。しかしK課長は自信ありげに言った。

「すぐに三〇年～三五年に借り換えできます。大丈夫。絶対損はさせない」

さらにつづけた。

「早くやらないと来年の二月～三月の入居シーズンに間に合わない、入居シーズンを逃すとしばらくは人が入りませんよ」

契約をせかすK課長を前にして、入山さんの不安は次第に薄れていく。

「すぐに借り換えができるというのだから大丈夫だろう」

そんな気持ちになってくる。アパートを建てる場合の主たる契約者は母親だ。高齢の母親はほとんど計画の内容を理解していなかった。

二〇一二年六月某日、入山さんと母親はアパートを新築する契約書に署名・捺印をする。契約金の一部として五〇万円ほどの資金が必要になった。乏しい貯金をはたいて払った。つづいて、二〇年返済の融資を申し込むために、母親が東建の車で日本政策金融公庫の支店に連れて行かれた。車中でK課長は母親に向かって言った。

「大船に乗った気持ちでいてください」

母親はその言葉を信じた。

契約金は営業社員から借りた

契約から八ヵ月後の二〇一三年二月、アパートが完成する。契約金の残金や保険料として一〇〇万円ほどの現金がいるという。手持ちの資金はすでに底をついていたが、K課長が個人的に貸しつけてくれた。

無事に全室入居者が決まり、家賃の入金がはじまった。通帳の入金額を見た入山さんは、再び不安にかられた。毎月五〇万円ほどの賃料収入があると思っていたのに、しばしばそれよりも少ない。三〇万円あまりしかない月も珍しくなかった。東建の社員に事情を聞くとこう説明された。

「空室が出たためです」

家賃保証はあるものの、入退去の都度、最低で半月、最長で二ヵ月半は家賃を払わなくてよいという特約があったのだ。この点を入山さんは理解していなかった。間取りが小さいせいか入退去は頻繁にあった。それが減収の理由だ。

経営は当初の見通しを下回ったが、それでも最初のうちはまだましだった。というのも、日本政策金融公庫との融資契約で、「据置期間」が一八ヵ月間もうけられていたからだ。この間は元本返済が免除され、利息の一五万円だけを払えばよい。そのせいで、月々二〇～三〇万円ほどが手元に残った。

しかし据置期間をすぎるともはや悠長なことは言っていられなくなる。元本返済がはじまるので月々の返済額は四五万円前後になる。賃料は最大で五〇万円しかない。税金などの必要経費を考えると、どうみても払っていけない。アパート新築に伴って固定資産税は従来の約五万円から三〇万円へと大きく増えた。据置期間終了後にどうするか、入山さんの頭にあったのはK課長のかつての説明だ。

「すぐに、三〇年～三五年のものに借り換えできるので大丈夫です」

彼ははっきりと言った。きっといまごろ、K課長は日本政策金融公庫とかけあって融資契約を変更する話を進めているにちがいない。入山さんはそう信じて朗報を待った。返事はなかなかこない。

たちまち一年がすぎた。据置期間が終了する二〇一四年九月まであと半年に迫った同年三月下旬の某日、入山さん宅をK課長が訪問した。用件はいくつかあった。そのひとつは、個人的に貸していた一三八万円の返済を受けるためだった。以下は音声記録に基づくやり取りの再現である。

東建K課長　借用書をお返ししますので。
入山　こちらが一〇〇万円、（二〇一二年）二月二七日（に借りた）…。
K課長　ええ。（同年）四月二六日に三八万円。借用書。これは破棄すればいいので。お互い証拠で残るとまずいので。
（紙を破る音）
K課長　なんかあったら連絡いただければ…。
入山　ええ。お礼を言っておかなければ。お借りしていたのは事実なので…。

K課長が借用書を破棄したのは、顧客との金銭の貸し借りが社内規則で禁止されているからだ。

金の受け渡しにつづいて二つめの用件に話題が移る。返済期間を延長する件だ。タバコの煙を吐きながら、K課長は少し枯れた芯のある声で切りだす。

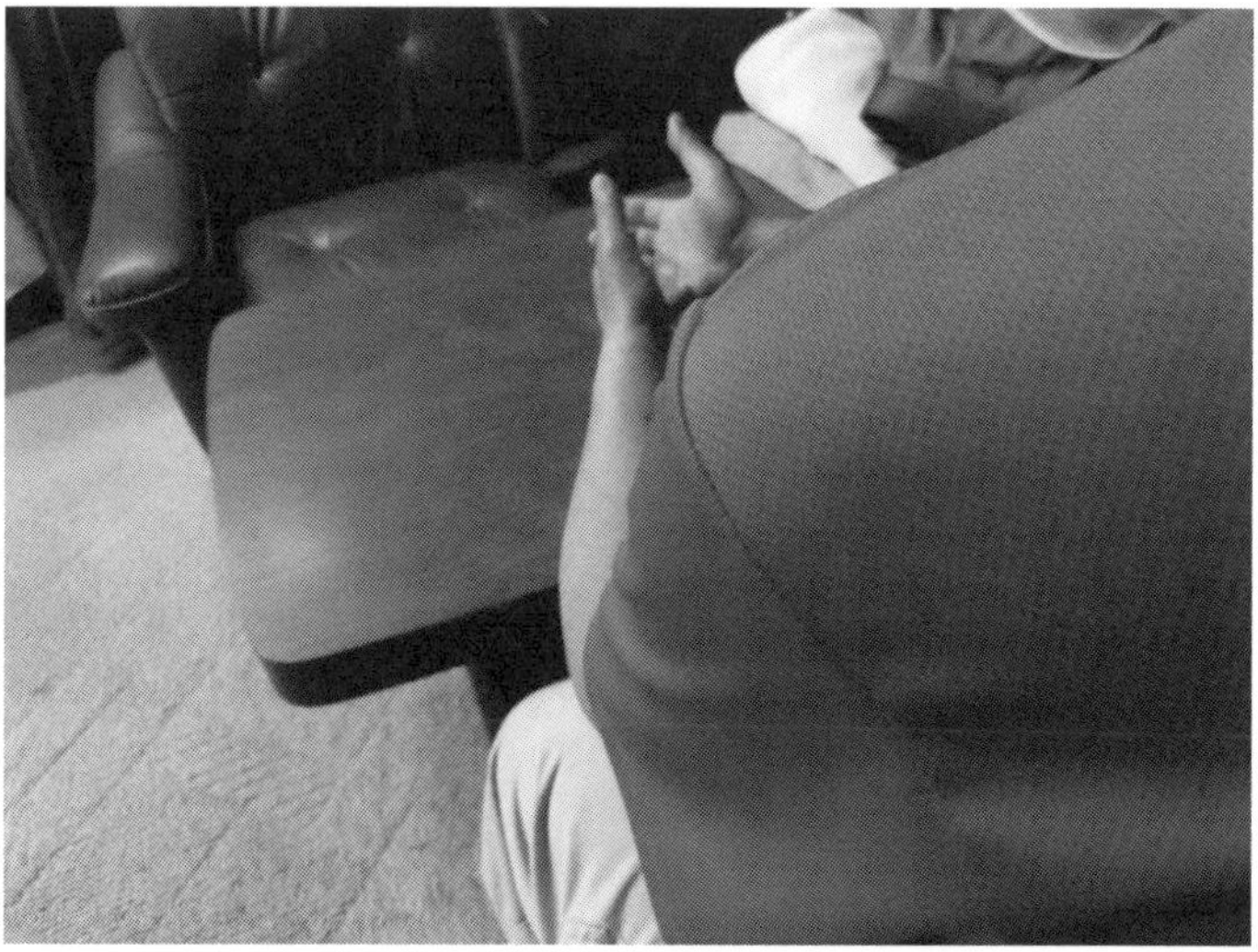

「顧客を見つければ金になる。それを繰り上げ返済の資金にすればいい」
と東建社員に言われたときの様子を説明する入山さん（仮名）

K課長　それはそれでね。うん…心配しとるんですよ。一回目の区切りが（二〇一四年）九月末にくるんで。頭（九月上旬）か。アクション起こさないかんので、まずいんで。それを八月末くらいに相談しなきゃいけない。

入山　ええ…。

K課長　僕が心配しているのは…入山さんのところは三〇年返済だったらなんも問題ない。三〇年返済とイーブン（同等）の状態にもっていくには二〇〇〇万円以上繰り上げ返済しなきゃいけない。七二〇〇万の借り入れなんで、基本的に三分の一＝二〇〇〇万以上。本来は。それが無理なもので（笑）。

融資条件を変更するためには「アク

ション」が必要だ。つまり、二〇〇〇万円以上の繰り上げ返済をしろとK課長は言う。寝耳に水の話に入山さんはおどろいた。二〇〇〇万円を工面するなど絶対に不可能だ。それを知りながらK課長はとうとうと語る。

K課長　融資してくれる銀行がぜんぜんなくて、日本政策金融公庫しか融資してくれなかった。金融公庫の融資条件は上限二〇年なんで、そこでやらざるを得なかった。

入山　なるほど…。

K課長　ふつうは、アパートやれなかったんですよ。

入山　はあ…民間の銀行がいやだと言ったから？

K課長　そうです。でも一応いろいろ当たった結果、まあ国金（日本政策金融公庫）ならやれるとわかったんで、収支組んでみて、かつかつだけどなんとかなると判断したんで。ただ、契約のときに言ったとおり、お金使えないですよということ。二〇年（の返済が）済んだあとは自由に使えますよということ。

民間銀行の融資はつかなかった——それが二〇年返済の日本政策金融公庫にした理由だとK課長は悪びれることもなく言った。最初から無理筋の計画だったことを自白したようなものだ。繰り上げ返済に回す二〇〇〇万円もの資金があれば苦労はしない。金がないから困っているのだ。いったいどうしろというのか。途方にくれる入山さんを前に、K課長はなおも執ように繰り上げ返済が必要だとくり返す。

K課長　本音のところでは、三〜四年の間に七〇〇万円くらい繰り上げ返済してほしい。

入山　じっさい今月三三万円（しかない）ですからね。これで四五万の返済をすれば…一五万円の赤字ですから…。

K課長　だれも助けてくれないんで。正直な話。結局どこからかお金借りてこないいかんようになるんですよ。

入山　…サラ金とかですか？

K課長　いや。繰り上げ返済を一〇〇万円、二〇〇万円する。…そうすれば返済期間を延ばすというのはできる。二〇年が三〇年に。

入山　国金（日本政策金融公庫）で？

K課長　ええ。実績次第でできる。交渉はこっちにまかせてください。個人との交渉は難しいが、東建は客をいっぱい紹介しているんで、まかせてもらえれば…。

「だれも助けてくれないんで」

「どこからかお金借りてこないいかんようになる」

まるで入山さんにすべての非があるかのような言い方だ。これが、じつはある方向へ誘導する伏線だと判明するのはさらに一週間後のことだ。

三月末、K課長は再び入山さん宅を訪れた。そこで、繰り上げ返済の資金をつくるための「提案」を行う。引きつづき音声記録より。

K課長　強力的にお金を稼ぐ方法は、前にも言ったとおり、紹介。端的に言うと、この人アパート建てるよという人、僕のところ、聞かせてください。契約して建てたら紹介料払えるから。それがてっとり早い。

入山　そうですね……。

K課長　それしかない。…表の収入でプラスの収入を上げるとすれば、それしかない。そういうので（報奨金を）もらったのであれば、僕もキックバックできなくもない。本当はやっちゃいけないけど。僕のもらったお金が大きければ、そこからキックバックできるかもしれない。

別の顧客をみつけてきて東建に紹介し、アパートを建てることができれば紹介料が入る。加えて、K課長が得る報奨金の一部を「キックバック」する。それを繰り上げ返済の資金にあてる――そんな提案だ。

要するに東建の営業に協力しろというのだ。いったい何のためにアパートをやったのかわからなくなってきた。混乱する入山さんにK課長は殺し文句を言った。

「東建の一括借り上げは三〇年だから（返済期間の）二〇年を過ぎても安心です。三一年目以降も自動更新です。建物がある限り自動更新なんで（家賃）保証はつづきます」

二〇年をすぎれば年間四〇〇万円以上の収入になる、年金などよりよほど頼りになる、という趣旨のことも言った。

入山さんは、わらをもすがる思いでいったんはこの提案に乗り、顧客の発掘をやりかけた。しかし、すぐにあきらめる。とてもできそうになかったし、仮に首尾良く顧客をみつけてアパートを建ててもらったとしても、報酬やキックバックでは到底返済資金に満たないと気づいたからだ。

「だまされた…」

ここに来て入山さんは確信した。

このままではだめだ

二〇一四年一〇月。ついに元本返済がはじまる。あいかわらず入退去は頻繁にあり、家賃収入は目減りした。アルバイトで稼いだ生活費をつぎこんで懸命に銀行返済をした。

いつしかK課長ら東建社員は家に寄りつかなくなっていた。返済期間を延ばすよう日本政策金融公庫と交渉している気配もない。

「このままではだめだ」と入山さんは決心し、自力で日本政策金融公庫と交渉をはじめた。最初は相手にされなかったが、粘りづよく話をするうち、ついに返済期間を二〇年から三〇年へと延長することに成功した。月の返済額が従来の四五万円から三〇万円ほどに減った。赤字経営をひとまず脱出し、毎月一〇万円前後が手元に残るようになった。大いに助かったが、それでも採算が厳しいことにちがいはない。

固定資産税三〇万円に加えて、管理料や貯水槽・浄化槽の点検費用などの経費が年間四〇万円かかる。利益はほとんどない。修繕費の積み立ては不可能だ。二〇年ローンであろうが三〇年ローンであろうが、もともと無理な計画だったのだ。

東建子会社に委託している管理のずさんさにも悩まされた。

・駐車場の舗装や基礎コンクリートのひびを直さない。
・フェンスが壊れているのに直さない。

そんなトラブルがつづいた。退去した部屋の模様がえ工事に手間どって入居者の募集ができず、賃料が入らないといった不手際もあった。たびたび苦情を言ったが東建の動きはうんざりするほど鈍かった。

精神的な負担が重なり、体調を崩すことが多くなった。不安が募り、不眠に悩まされた。うつ病と診断され、抗うつ剤を処方された。

築七年目の二〇一九年、疲弊した入山さんに追い討ちをかける出来事が起きる。一括借り上げをしていた東建の子会社東建ビル管理が、突如として契約打ち切りを通告してきたのだ。

打ち切りの理由は、表向きこうだ。

〈東建がみつけてきた入居希望者の入居に同意しなかった〉

この説明に入山さんは納得できない。たしかに入居希望者を断ったのは事実だが、それには理由がある。車を持っていなかったからだ。車のない入居者だと駐車場の賃料が入らない。少し待てば駐車場付きで借りる別の入居希望者がみつかるだろう、そう考えた上での判断だった。

この点を説明したが東建に聞く耳はなかった。本気で解約する気だと入山さんは動揺した。そして、契約解除に備えて急遽別の管理会社を探すなどの対応に追われた。はたして、東建は契約解除を問答無用で強行した。

「絶対損はさせません」

そう言ってK課長らが熱心に建築を勧めていたころとは似ても似つかぬ冷淡な態度だった。混乱のなかで入居者が続々と退去した。

「入居に同意しなかったというのは口実で、なにかきっかけをみつけて借り上げ契約を切りたかったのではないでしょうか」

不安や憤りとともに、入山さんはそう感じている。——

課長が認めた嘘

取材をするなかで私は奇妙なことに気づいた。収支予測を記載した書類を見た記憶がないというのだ。探してもらったが見あたらない。

あるはずだという私の意見に、入山さんも気になったようで、後日東建に対して開示を求めた。すると東建の代理人弁護士を通じて「収支計算書」が送られてきた。やはり、見た記憶のない書類だという。そしてそこに記載されている内容におどろいた。

二〇年返済のままで事業計画が作られていたからだ。三〇年、あるいは三五年返済に切り替えるという見通しはどこにも書かれていない。二〇年返済の融資で事業を行った場合、税や管理経費を差し引くと年間四五万円しか残らないと計算されている。月の収入はわずか四万円弱だ。そこからさらに月二万円強の修繕積み立てをするとも書いてある。七五〇〇万円を借りて利益は月二万円にも満たないというわけだ。

事業として最初から完全に破綻している。こんな無理な計画をなぜ進めたのか。納得できない入山さんは東建に事情説明を求めた。K課長が文書で以下の回答をした。

収支計算書

年間の賃料収入（家賃収入・その他収入、及び礼金）から、必要経費を含めた支出を差し引いた「実収入」は、以下のようになります。

単位：千円

年数	賃料収入			支出								実収入		修繕積立金
	年間家賃収入	礼金(敷引き)	賃料収入合計	返済元金	必要経費						支出合計	年間合計	累計	
					[illegible]	[illegible]	[illegible]	[illegible]	管理費	[illegible]				
1	5,507		5,507	3,095	1,094	241			229	100	4,759	748	748	263
2	5,507		5,507	3,143	1,046	241			229	100	4,759	748	1,496	263
3	5,507		5,507	3,052	1,319	241			229	100	4,942	565	2,062	263
4	5,507		5,507	3,116	1,256	330			229	100	5,031	476	2,538	263
5	5,507		5,507	3,180	1,192	330			229	100	5,031	476	3,014	263
6	5,507		5,507	3,246	1,126	330			229	100	5,031	476	3,490	263
7	5,507		5,507	3,313	1,059	330			229	100	5,031	476	3,967	263
8	5,507		5,507	3,382	990	330			229	100	5,031	476	4,443	263
9	5,507		5,507	3,452	920	330			229	100	5,031	476	4,919	263
10	5,507		5,507	3,523	849	330			229	100	5,031	476	5,395	263
11	5,507		5,507	3,596	776	330			229	100	5,031	476	5,872	263
12	5,507		5,507	3,670	702	330			229	100	5,031	476	6,348	263
13	5,507		5,507	3,746	626	330			229	100	5,031	476	6,824	263
14	5,507		5,507	3,824	548	330			229	100	5,031	476	7,301	263
15	5,507		5,507	3,903	469	330			229	100	5,031	476	7,777	263
16	5,507		5,507	3,984	388	330			229	100	5,031	476	8,253	263
17	5,507		5,507	4,066	308	330			229	100	5,031	476	8,729	263
18	5,507		5,507	4,150	222	330			229	100	5,031	476	9,206	263
19	5,507		5,507	4,236	136	330			229	100	5,031	476	9,682	263
20	5,507		5,507	4,324	48	330			229	100	5,031	476	10,158	263

（次頁へ続く）
11年後も同じ家賃収入

入居時の手数料（家賃の0.5ヶ月分）と、
退去時のリフォーム代が、
入っていない。

管理費は、
実質「賃料収入合計」の9％！
浄化槽・貯水槽の料金も入っていない！

TOKEN CORPORATION

入山さんのアパート事業の試算書。経費を除いた利益が年間約47万円、そこから修繕積み立てを26万円するという非現実的な内容だ

・複数の金融機関に打診し、日本政策金融公庫（国金）だけが融資を承認した。

・契約者が六〇歳以上（母親）なので、公庫の融資は最長二〇年、七二〇〇万円が限度額だった。

・営業担当としては、二〇年返済では収支が厳しいと思っていた。公庫が融資を承認したことにおどろいた。

・返済期間を延長しないと苦しくなると思ったが、延長できるとの情報が※あり、それならお勧めできると判断した。

・（元本返済の）据え置き期間に資金をためて繰上げ返済すれば事業として成り立つと考えた。

・融資期間延長の交渉をするため公庫

に行ったことはない。業務怠慢だった。

借り換えによる返済期間の延長などもともと本気でやるつもりはなかったのだろう。つまり、早期に行きづまることをK課長はわかっていたのだ。

有名な大企業だからと、営業マンの言うことを鵜呑みにしたうかつさを入山さんは悔やんだ。しかし後悔している暇はないと気を取り直し、日本政策金融公庫と自力で交渉しながら、アパート経営の再建という難題に挑んでいる。

東建のやり方のひどさは言うまでもない。しかし、日本政策金融公庫のずさんな融資にも問題がある。「一般の金融機関が行う金融を補完すること」を「役割と使命」に掲げる同公庫で、何かが変質しているのか。

なお、東建コーポレーションに質問したが、回答は得られなかった。

※　誰の情報かを入山さんはK課長にただしたが回答はなかった。

第13章　レオパレス商法に家主《オーナー》絶句——「こんな会社があったんだ！」

二〇一八年から翌一九年にかけて、レオパレス21の欠陥建築問題が新聞やテレビで頻繁に報じられた。同社と契約をした家主《オーナー》たちから話を聞いてみたいと思っていたところ、損害賠償の裁判を起こした人がいると知り、取材に出かけた。極力安くつくったアパートをできるだけ高値で売りさばく。家主の話から浮かんできたのは、大東建託とまったく同じ、もうけ至上主義の問題商法だった。

「税務相談会」の勧誘

青空の下によく育った水稲の緑が広がる八月中旬の岐阜市。猛暑から逃れるように入った喫茶店で、林野栄一さん（仮名、五八歳）は張りのある声で話をはじめた。

——一九九四年のある日、「株式会社エムディアイ」と書かれた名刺を持った社員が自宅にやって来た。アパートを建てて一括借り上げをする業者だという。後の株式会社レオパレス21

である（以後「レオパレス」と記述する）。対応した父に社員はこう言った。

「税務相談をやっています」

相続税に関する相談会に来ないかという誘いだった。「行ってみる」と父は興味を示した。そこで林野さんも同伴して参加した。これが四半世紀に及ぶレオパレスとのつきあいのはじまりだった。

相談会場では、税理士が節税の話をひとしきり行い、つづいてレオパレスの社員が「提案」をした。借金をしてアパートを建てて経営すれば相続税が安くなり、収入にもなる。そんな話だ。

父も林野さんもなんら警戒心はなかった。それどころか、ためになったとすら感じた。というのも、先祖伝来の水田がたくさんあって相続税のことが気になっていたのだ。

アパートをやるのにいい場所があった。水田を地上げした宅地で、長い間空き地のままにしている。地価は当時で坪四〇万〜四五万円。このままだと、父が亡くなったときに相続税が数百万円はかかりそうだ。

相談会で耳にした「アパート話」に父は乗り気になった。父は年金を受給している。自分が生活していくには困らないが、子どもたちのことを考えれば相続税が少ないに越したことはない。副収入もあったほうがいいにきまっている。

息子の林野さんは、アパートをやりたいという父親の考えを尊重し、そのうえで、まちがいがないようにと、以後、レオパレスとの話し合いに同席することにした。

興味があることを伝えてからほどなくして、レオパレス社員が計画案を作って持ってきた。

〈木造二階建て、１ＤＫ×一〇戸のアパートを二棟建てる。工事費は約九六〇〇万円。ほぼ全額を銀行からの借り入れでまかなう――〉

そんな内容だ。レオパレス社員の物腰やわらかな説明を林野さんはいまもよく覚えている。

「毎月八〇万円以上の賃料が入り、返済後四〇万円ほどが残ります」

「五年で三％ずつ家賃が上がります」

「管理はおまかせください。小規模修繕はすべて私どもがやります」

そう言った。

林野さんが気をつけていたのは借金返済のことだけだった。九六〇〇万円を三〇年で返済するという話だが、まちがいなく返済していけるのか。そこが何よりも重要だと考えて何度も念押しした。レオパレスの返事はこうだ。

「レオパレスが一括借り上げをする。空室があれば家賃保証をする。大丈夫です」

この言葉を父も林野さんも疑わなかった。かくして話は「順調に」進み、契約に至る。

一九九四年の暮れも押し迫った一二月下旬、契約の締結が行われた。父が署名・捺印をする前に、林野さんは丹念に契約書を読んだ。「どんな契約でもまず書類をよく読め」と当時勤めていた会社の上司に教育されていた。建築請負契約書の点検がおわり、つづいて一括借り上げ契約の契約書を読みはじめた。すぐに林野さんは重要な事実に気づいた。てっきり三〇年だとばかり思っていた契約期間が「二年」となっている。

「借り上げ契約は二年だけど大丈夫なの？」

同席している支店長に林野さんはたずねた。彼は悪びれることなく答えた。

「とりあえず契約は二年ですが、更新して三〇年間借り上げます。うちは部屋が足りないので、もっとアパートを借りたいくらいですよ。なのでご安心ください」

「ああ、そうなんだ」

林野さんも父もこの説明に納得した。そして契約した。周囲にはまだほかにアパートはなかったから、社員らの言うとおり、きっとうまくいくという気がした。

工事がはじまり、一九九五年八月、二棟のアパートが完成する。

「この会社は大丈夫なのだろうか？」

そんな不安を感じるまでに時間はかからなかった。まず、建物の造りが見るからに安普請なのだ。それに、思ったほど入居に勢いがない。「部屋が足りない」と言っていたのに、ずいぶん様子がちがう。

時間がたつにつれ不安は大きくなる。築後一～二年すると「家賃を下げてほしい」と言いはじめた。五年で三％ずつ家賃が上がる――レオパレスの社員はそう説明していたのだ。上がるどころではない。

「話がちがうじゃないか」

林野さんは苦言を呈した。すると家賃引き下げの案は引っこめた。だがその後もたびたび家賃引き下げの話をもってきた。その都度林野さんは抵抗した。ストレスが募った。

「賃料引き下げ」に「修繕費」

管理や小規模修繕についても疑問だらけだった。「私どもでやる」という当初の話とは裏腹に、頻繁に修繕費用を請求してきた。

築四年目のころ、「全室の鍵を交換したい。五〇万円くらいかかる」と言われた。おどろいて理由を聞くと、「鍵屋がつぶれたので別の会社に変えたい。そうしないとマスターキーを二本（二社分）持たなければならない」という。「二本持てばいいじゃないか」と断った。

別のときには、「カーペットに焼け焦げがついているので張り替えたい」と高額な費用を請求された。

「小規模修繕はやると言ったじゃないか」

憤慨しながらこれも断った。

退去後、部屋の電灯カバーがなくなっていたこともある。どうみても入居者に非があるのに、修理費を家主に払わせようとする。

「入居者から原状回復費をとっていないのか」

苦情を言うと、レオパレスの社員は答えた。

「ワンルーム業界は厳しいから、お客さんに原状回復費を請求できないんです」

建築契約時に言っていた「アパート需要がある」という話はどうなったのかと首をかしげた

くなった。

テレビCMを見ると、「敷金礼金不要、退去費用もなし」とさかんに宣伝している。レオパレスのアパートに入居している人が別のレオパレス物件に移動するときは敷金や礼金がいらないという意味だ。林野さんは面白くなかった。なんのことはない、その分の経費を家主に負担させているだけではないか。

レオパレスの言いなりになっていたらまずいことになる。そんな予感がした林野さんは、躊躇なく方針を変えた。もうけを捨てて早期の借金返済に全力を注ぐことにしたのだ。幸い経済的な余裕がありアパート収入に頼る必要がない。父親に説明すると、だまって聞いていた。

こうして時がたち、アパート経営七年目の二〇一二年、父が亡くなった。アパートの名義を父から弟に変えた。経営の切り盛りは兄の林野さんが引きつづき行った。銀行には繰り上げ返済をしてきたが、まだ相当債務は残っている。

林野さんの気がかりは一括借り上げ契約の「二年更新」問題だった。返済途中に一括借り上げを解約されるというのが一番まずい展開だ。それだけは避けなければならない。この「二年更新」を少しでも有利な条件に変更できないものかと思案した。

入居の状況は相変わらず芳しくなく、常に一〜二割が空いている。新築以来、満室になったことは一度もない。周辺を見わたすとレオパレスのアパートが乱立しはじめていた。その影響を考えれば、今後の見通しは厳しい。そもそも水田の広がるこの辺りにそれほどアパートの需要があるはずがなかった。明らかに供給過剰だ。

考えた末、林野さんはレオパレスに対して取り引きを持ちかけた。

「約束どおり五年で三％家賃を引き上げろ、という要求を撤回する。その代わり、レオパレスからの一方的な解約はしないと約束してほしい」

はたして、レオパレス側はあっさりとこの取り引きに応じた。「今後は家賃引き上げの要求をしない」という提案がよほどうれしかったとみえる。林野さんは望みどおり「一方的解約はしない」と記載した「約定書」を交わすことに成功した。

終了プロジェクト

不安が的中したのは二〇一一年初頭のことだ。担当社員が突然訪問してきてこう言った。

「一括借り上げ契約を解約します。同意してほしい」

レオパレスの経営が大変になったというのが「解約」の理由だった。二〇〇九年のリーマンショック以後、レオパレスの業績悪化が噂されていた。「終了プロジェクト」と銘打たれて秘密裏に進められた一斉解約作戦だった。

林野さんはあきれた。少し前に一括借り上げの更新契約をしたばかりだ。いったい契約の何条何項に基づく解約なのか説明もない。「解約に同意してほしい」とそれだけだ。断固として拒否するのは当然だ。

しばらくすると「解約合意書」という文書が送られてきたが無視した。社員がまたやってきて説得する。

「解約に同意してもらえませんか」

「たしか約定書があったよなあ。一方的解約はしないという…」

そう言って断った。ついにレオパレスは乱暴な手段に出る。入居者をいっせいに退去させたのだ。一括借り上げ契約が有効である限り、家賃保証はある。しかし退去によって、支払われる賃料は減った。当然経営は苦しくなる。なにがなんでも解約に応じさせるつもりだと知った林野さんは徹底抗戦を決意する。

幸いすでに借金はあまり残っておらず、解約拒否を貫くことにリスクはなかった。早期の完済を最優先し、前倒しで返済してきた作戦が功を奏した。

白旗をあげたのはレオパレスのほうだった。やがて解約要求はなくなった。約定書の効き目だった。

「一括借り上げ」の中止を断った林野さん（仮名）に対して、レオパレスは入居者を全員退去させるという暴挙に出る

　奇妙なことに、一括借り上げ契約を解除するという話がきたのと同じころ、「お困りでしょう。ご提案させていただきたい」などと複数の建設会社や不動産会社から次々と連絡があった。

　ある社は二戸を一戸に改造するという案を提示した。工事費は一棟あたり二〇〇〇万円で計四〇〇〇万円。家賃は五万円ほどだという。「それでは借金が返せないではないか」と林野さんは断った。いったいどこから情報が漏れているのか。不信は大きくなるばかりだ。

違法建築発覚

レオパレスのアパートオーナーでつ

くる被害者の会「ＬＰオーナー会」の存在を知り、入会したのは、さらに七年ほどがすぎた二〇一八年のことだった。

林野さんのアパートは「ゴールドネイル」という木造の商品である。そのことを知ったＬＰオーナー会の前田和彦会長は、「調査させてほしい」と協力を求めた。天井裏などに設置義務がある防火壁（界壁）がついていない恐れがあるという。入居がない状態がつづいていたので調査は比較的簡単だ。林野さんは調査に応じた。

二〇一八年三月から四月にかけて、ＬＰオーナー会が依頼した一級建築士による調査が実施された。建築確認を出した岐阜市も立ち会った。二階の天井裏と小屋（屋根）裏を調べたところ、本来設置されているべき「界壁」がないことがわかった。確認申請図面には界壁が記載されている。ところが図面どおりに施工されていない。建築基準法違反である。

同年五月にも追加調査を実施、一階と二階の間の天井裏を調べた。ここにも界壁をつける法的義務があるのだが、やはり未施工だった。界壁のほかにもずさんな施工が見つかった。天井の点検口を開けるとベニヤ板でふさがれていて、点検しようがないといった有様だった。

「こんな見え見えの手抜きをやるんだ」

あらためて林野さんはおどろいた。

期をおなじくしてレオパレスの大規模な違法建築が世間に露呈する。二〇一八年四月二七日、レオパレスは記者会見で違法建築を発表した。ゴールドネイルの旧型と新型。一〇〇〇棟で同様の欠陥があったという。

違法建築の被害に遭ったことがわかった以上、黙っているわけにはいかなかった。林野さんは、レオパレスに対して、違法部分を修理し、設計図面どおりに戻すよう要求した。レオパレス側の回答は不誠実そのものだった。修理は「屋根裏[※1]」の界壁部分だけで、一階と二階の天井裏の界壁修理は不要だという。怒り心頭に発した林野さんは、裁判を起こす決心をした。——

話を聞きはじめてから約二時間がたち、日が西に傾きはじめた。取材の最後に、林野さんがいっそう強い口調で言った。

「相続税対策というのは嘘だった。なにもせずに相続税を払ったほうがよほどよかった。レオパレスは私たちオーナーを金づるとしか考えていない。パートナーどころではない。約束したとおりの建物を建てない、三〇年間大丈夫と約束したはずの借り上げも途中でなしにする、振り込み詐欺レベルのひどさです。これほどひどいことが、社長が知らなくてできるとは思えません」

二〇一八年八月、林野さんは欠陥建築に伴う修理費と慰謝料合計約二〇〇〇万円の支払いを求めて岐阜地裁に提訴[※2]した。被告のレオパレスは全面的に争う答弁書を出し、次のような主張を行った。

・小屋裏の修理はレオパレス指定の方法と業者でやる。賠償金は払わない。

・中間界壁の修理については、二〇年の時効が完成しているから責任はない。

この主張に対して原告側は、「時効は違法建築が発覚した時点から起算すべきであり、時効は完成していない、レオパレスに賠償責任がある」（趣旨）と反論、審理がつづいている。

〈追記〉

裁判開始から一年あまりがすぎた二〇一九年八月末、レオパレスは一括借り上げ契約を解約する旨一方的に通告、その後実行した。これに対して林野さんは、解約は無効だとして取り消しを求める訴えを追加で起こしている。

なおレオパレスの発表によれば、その後の調査で不備が疑われる商品が計三万九〇〇〇棟あることが判明、調査ずみ二万棟のうち一万五〇〇〇棟に不備が発覚したという。三階建てのアパートの界壁不備や天井板の施工不良（二枚張りにすべきところを一枚しか張っていない）もあり、入居が不可能になるという事態になっている。

※1　屋根の内側にある空間。退去なしで工事ができるので費用を低く抑えられる。

※2　岐阜地裁　平成三〇年（ワ）五〇〇号、原告代理人澁谷歩弁護士、被告代理人秋野卓生・田中敦弁護士

《インタビュー1》

東建コーポレーション元支店長の告白

「お客さんをだますのはもう嫌です」

二〇一九年の暮れ、私は東建コーポレーションの元支店長の男性（三〇歳代）と別の取材を通じて知り合い、社員時代の話を聞かせてもらった。「社員も金融機関も、顧客や家族の将来のことなどいっさい考えていない。数字がすべてです」——男性は、淡々とした口調で「アパート経営商法」の本音をそう語った。顧客の元へ足しげく訪問して良好な人間関係をつくり、不安を取り除き、心強いパートナーであると思わせ、契約にもっていく。男性は絶妙のテクニックで次々に契約を獲得する腕利きの営業マンだった。高収入を得た。しかし、勤務一〇年を区切りに会社を去る決意をする。「顧客をだましている」という苦痛に耐えられなかったからだという。

「お客さんをだますのはもういやです」と語る東建コーポレーション元支店長の男性

――東建コーポレーションに入社した経緯を教えてください。

二〇〇×年に中途入社で入りました。二三歳でした。高校を卒業後、物品販売の会社に就職したのですが、結婚して子どもが生まれ、もっと稼ぎのいい仕事をしたくなったのです。職業安定所で探していて、見つけたのが東建でした。営業職で、手取りが月に二五～二六万円、業績に応じて報償金があるという条件に惹かれました。当時は株式上場前で、東建という名前も知りませんでした。不動産関係はまったく未経験でしたが、営業の仕事がやりたかったので入社しました。

――どんな仕事からはじめたのですか。

東北のA市に新支店を作るというのでその準備室に配属されました。仕事は、毎日飛び込み営業です。ある地域に車で連れていかれてポトンと降ろされて、一件一件訪問します。朝からはじめて夕方まで迎えに来ないこともざらにありました。「一日一〇〇件回ってこい」というのが上司の指示です。大変でした。

――「飛び込み」というのは何をするのですか。

土地を所有している地主さんにアタックする。そしてアパートを建ててもらうわけです。でも、玄関先でいきなり「アパート経営しませんか」と言っても無駄です。土地所有者をみつけたら、まず土地のある場所を聞き出して、「活用方法を提案させてほしい」と話す。そこが入り口です。相手が「いいよ」という反応をしたときは、土地を見に行き、計画を立てて提案に進む。人間関係をつくらないといけないので何度も訪問します。毎日のように行くこともあります。

――契約は取れましたか。

最初はわからなかったので上司の助言をもらいながら試行錯誤しました。無我夢中でやって入社後半年で四件の契約を取りました。二億数千万円です。たまたま運がよかったのですが、区画整理事業で農地を宅地化した場所がたくさんあったという好条件がありました。固定資産税が上がるので、それを悩む地主が多かったのです。売るか、放置するか、運用するか。一生懸命に営業をかけると、「若いのにがんばっている」と高齢者には気に入ってもらえました。最初の訪問から契約まで、平均で二ヵ月以内。早いときは二週間で契約というのもあります。

三ヵ月以上かかると「厳しいよね」と支店内では言われていました。

——二億数千万円の契約で報奨金はいくら入ったのですか。

五〇〇万円くらいだったと思います。

——以前よりも収入は増えたのですね。

転職前の倍になりました。問題がある商品だというのは頭にありませんでした。お金がいっぱいもらえると思ってがんばった。若かったので。仕事を教えてくれた上司への義理も感じていた。この人のためにとがんばった。好業績を買われて三年ほどで支店長に昇格しました。

——支店長の仕事はどうだったのですか。

それまでは個人プレイヤーだったのですが、支店長になると支店の数字を作らなくてはなりません。会社から強い圧力がかかりました。全国の支店同士で競争させられるのです。順位表が流れてきて、今月はどこどこの支店が優秀だったとか、そういった成績が公表される。負けたくありませんから、なんとか数字を作るようにがんばる。すべてが数字でした。部下の営業マンたちを励まし、ときにいっしょに顧客のところに「同行」して商談をする。そういうことをどんどんやった。

——支店長時代にはどのくらい売り上げたのですか。

年間の売上が約一五億円。棟数で三〇棟くらいでしょうか。全国で一〇位に入る好成績です。

——顧客の多くは高齢者でしたか。

そうですね。大半が六〇歳以上です。

――農地を持っている？

はい。区画整理で税金が上がって、売りたいが売れない、または売らずに安定した収入を得たい、という悩みを持った例が多いです。

――疑問を感じたのは？

支店長になる前後くらいからでしょうか。だんだんわかってきたのです。お客さんのためを思うと、やらないほうがいいような案件がいくつもある。この場所に建てても一〇年後には入居がつかない、一〇年後は大丈夫だとしても返済が終わる三〇年まではまず難しい。人口減少が著しい場所ですから、そういうことが明らかなわけです。わかっているけど、数字のためには売らなきゃいけない。

――どんな心境でしたか。

それはもう苦痛です。しかし生活水準は下げたくない。

――年収はどれくらいあったのですか。

ピークのときは二五〇〇万円以上ありました。本給が八〇〇万円ほどで、あとは報奨金です。部下が売り上げると支店長にも報奨金が入ります。

――その後はどうしたのですか。

別の支店の支店長に異動になりました。成績の悪い支店でした。立て直しを求められたんですが、業績を回復できず、「営業マネージャー」というヒラ同然の職に降格されてしまいました。その後、過疎のB市やC市の支店へと、短期間に次々と転勤を命じられました。左遷人事ですね。上司に気に入られていなかったようです。土地勘のないところでは、業績を出せるはずがありません。過労とストレスで体重が激減し、夜眠れなくなってしまった。病院に行くと、「木の絵を描いてみろ」と絵を描かされて、「躁鬱病」と診断されました。仕事が苦痛で、いつ辞めようかと、そんなことばかり考えるようになりました。

――そうしたさなか、二〇一一年三月一一日の東日本大震災が起きます。

はい。私の自宅も津波で被災しましたが、東建のアパートもたくさん被災しました。

――大変でしたね。被災したアパートはどうなったのですか。

震災当時は直接の担当ではなかったので詳しくはわかりませんが、全壊の場合、地震保険は半分くらいしか出ないようです。借金を抱えて困っている方が多いのではないでしょうか。

――一方で、東建のアパート受注が増えたということはありますか。

あります。いままでならアパートを建てようにもできなかったところ、たとえば入居が期待できない内陸部の旧農地のようなところに次々と建設しました。銀行融資もどんどんつきました。以前ならアパートは無理で、買い手もつかなかった土地です。震災で東建はもうけたと思います。家賃も上がった。しかし問題は、これらのアパート経営がその後うまくいっているのかという点です。家賃が下落してすでに収支が赤字になっているという話を聞いています。この仕事は客をだましているんだなと、はっきりそう思うようになりました。

――顧客に不誠実な仕事をしているというのはストレスではなかったですか。

はい。会社からは毎日毎日「売れ売れ」と言われる。しかし、まちがいなく将来家賃は下がる。修繕費などの経費が回らなくなる。それがわかっていても客にはいいことしか言わない。悩んで、もうこの仕事は一〇年でキリをつけて辞めようと決心をしたのです。

――「だまし」のテクニックを教えてください。

まず、信用させるように近よってきます。で、人間関係をつくっていきます。家族のことかを聞き出していく。

――どんな聞き方をするのですか。

たとえば「あそこの土地をあのままにしておくと、ご子息さんに負担になってきますよね。いまこんな状況です」。

――顧客は子どものことに弱い？

そうですね。先祖代々受け継いだ土地をなくしたくないという思いがある。そういう人は多い。あとは「東建のお客さま」というのがある。どういうことかというと「お金がないお客さま」。

――お金がない？

お金はないけど土地を持っている。こっちからしたらチャンスです。お金のない人ってお金がほしいじゃないですか。だから「あそこ、こうしたらお金が入ってくるよ」と言える。

――お金に弱いということですか。

弱いですね。はっきり言ってアパートの投資はもうからない。お金を持っている人はやらないんです。

あと、「借金」と聞くとふつう嫌がるじゃないですか。重い印象がある。それを重いと思わせないような営業トークを使う。「うちがバックアップしないと三宅さんは借金できないんですよ。ということは、うちがバックについているから銀行が三宅さんに融資するんですよ。たとえば、三宅さんが、東建ではアパートやりません、ほかの業者でアパートやりますと言ったときに、銀行さんがお金貸してくれると思いますか。貸してくれないです。私どもと手を組んでやりましょう。そうすれば毎月安定した収入が入ります。で、ご子息さんにとっても、あの状況で土地が残るよりも、こういう資産を生む形のほうがぜったいプラスになるでしょう」

――なるほど。それはいい話だねえと…。

なりますよね（笑）。

――お互いパートナーですよと。

そう思う人が契約をしています。

――でも融資がつかなければ先に進まない。採算の見通しが厳しくても融資はついたのですか。

つくんです、ところが。だって銀行も貸したいですから。言葉は悪いですが、地銀（地方銀行）なんて、街金とどこがちがうの、というところがある。

——街金？

地元の信用金庫、信用組合とか、商工組合とかもそうです。ほんとに融資がゆるかった。部長クラスの人間をかかえこんで、二、三回いっしょにお酒のんでおけば大丈夫です。

——そうなんですか。

あの人たちはあの人たちで成績がほしいですから。上場企業の人間とつきあうメリットがあるということでしょう。私は休みを削って働いていましたが、仕事が終わった後も、夜は銀行や信組の社員を接待するといった暮らしでした。

——土地を売ったほうがいいじゃないかと言う顧客もいたと思いますが、そのときはどう答えるのですか。

売りたいと言う人には「売って現金にすれば使ってしまってなくなる。二〇％を税金でもっていかれる。アパートは継続的に収入になりますよ」などと言います。

——この場所でアパートをやっても大丈夫だろうかと不安を訴える顧客はいますか。

ほとんどそうですよ（笑）。でも「こんなところで大丈夫か」と聞いてくるということは、気持ちがあるということなのです。はなからやる気のない人は、そんなことは言いません。だから、そう言われたら、私なら無理にひっくり返そうとはしない。

——どうするのですか。

「たしかにそうですよね。ちょっと不安ですよね」と。私ならそう答えます。逆に、それを共通の意識にして問題をクリアすれば、その人はまたこっちに来る。「そこが不安ですよね。では次回調べてきます」とわざとそれを宿題にもらう。それで、お客さんが安心するようなものを作って持っていく。たとえば近隣のアパートの写真を撮って、「ここは満室でした。ここは空いていました。理由は…でした」と説明する。そして「だからお客さんのところではこうやればいいと思います。こういう間取りがいいと思います」と提案する。

――それが、「できる」営業マン。

へたくそな営業マンは、自分にとってマイナスなことを言われると、ひっくり返そうとするんです。それが墓穴を掘る。お客さんの悩みを受け止める。不安を訴えるのは考えてくれている証拠です。興味があるからこそそういう発言が出る。

――そうした営業テクニックはどこで身につけたのですか。

さあ、場数でしょうか。センスというのはあると思います。

――思っていても顧客に言わないことはありますか。

ええ。家賃が下がるとは言いません。この地域だと、最初は六万円の家賃でも、いずれは三万円でも入らなくなるかもしれない。その危険がわかっていても口には出しません。

――顧客が抱える将来のリスクについて会社の中で話をすることはあるのですか。

まったくありません。家主や家族の将来がどうなろうが東建には関係ないんです。契約して、融資をつけて、工事して、報奨金を受け取る。それだけが目標です。だから私は、地主をだましているという意識が常にありました。ほかの社員のなかにも同じことを感じていた者がいたと思います。

――良心の呵責を感じながら働いている。

ええ。一億円の総事業費で年間の手残りが税引き七〇万円～八〇万円しかないというのがざらにありました。しかも三〇年間満室で家賃も下がらないという非現実的な前提です。家賃は下落しますから、どこかで必ず赤字になります。しかし、「ほおっておけば固定資産税を払っているだけでマイナスです。アパートをやれば微々たるものでも毎年入る。使わずに貯金すれば役に立つ」などと言うと顧客は納得して契約します。ひどい話です。

――一億円を借りて毎月五万～六万円の利益。冷静に考えれば無理ですね。

それを契約してもらうところまで、なんども通って人間関係を作るんです。「お前がそう言うなら」と契約してくれる。そういう仕事が嫌で、もうつづけられなくなった。ちょうど一〇年で辞めました。辞めたら体調はよくなりました。自分が「よくない、おかしい」と思っているものを売るのは苦痛です。体によくありません。

――地主や顧客の人に言いたいことはありますか。

アパート投資はもうからない。やらないほうがいい。ハイリスク・ローリターン、ハイリスク・ノーリターンです。すでにやっている家主のかたがたは、家賃下落などの事態に備えて繰り上げ返済をするなどの対策を考えておくべきです。

（二〇一九年一二月一八日　東日本のS市にて取材）

《インタビュー2》

法規制なく野放しの「サブリース商法」

サブリース被害対策弁護団・三浦直樹事務局長に聞く

大東建託やレオパレス21に代表されるアパート建設・サブリース（転貸）業者が引き起こすトラブルの相談に取り組む法律家集団に「サブリース被害対策弁護団」がある。どんな問題が起きているのか、解決の方法はあるのか、被害防止に向けた課題は何か。事務局長の三浦直樹弁護士に聞いた。

——どういう相談がきているのですか。

まずは契約しようと思っているけどどうかという相談ですね。つぎに、申し込みをして手付け金を入れたくらいの段階で、やっぱり考え直してやめたいと言ったのに、お金を返してくれないという相談があります。これは大東建託が多い。それから、もっと進んで、契約したけどやめたい。どうやったら解約できるかという契約解消したいという相談です。さらには、一〇年とかすぎて賃料見直しを求められて、こんなに賃料下げられて困るという相談。賃料減額に応じなければサブリースをやめる、解約すると言われて、どうしたらいいか困っているというケースもあります。また、修繕・管理の付随条項で、こんな費用をなんで請求されるのか、ちゃんと修繕・管理をしてくれないといった相談もあります。

――払えなくなってデフォルト（債務の弁済ができない状態）したという例はありますか。

相談レベルではあります。どんどん賃料を下げられて賃料収入が四〇万円くらいに減り、毎月何十万円も赤字になり、競売を実行されて破産も考えているといった相談はありました。

――どの会社の相談が多いですか。

先日集計してみたら、一番多いのがレオパレス、その次が大東建託でした。

アパート建築・一括借り上げ（サブリース）業界への法規制の必要性を説く三浦直樹弁護士

――どうやって解決するのですか。

手付金や契約金を返してくれないという相談は、弁護士が入って交渉すれば一定程度は返してくる。賃料減額については、賃料増減の訴訟は調停前置ですので、まず宅地建物調停を申し立てます。調停が成立しなければ裁判に進みます。サブリース契約を解約されたという場合も、賃料減額交渉を経てということが多いので、調停をやってから契約解除が無効だという裁判をやります。または解除する行為自体が不法行為だとして損害賠償を求める裁判を起こすこともあります。

――建築の契約をするときの話が実際とちがうという問題が多数あります。調停や裁判で、業者の説明義務違反などを問うことはありますか。

はい。賃料減額の不当性を訴えたり、サブリース契約解除の無効や損害賠償を求める調停や裁判のなかで、そもそも最初の、建築するときはこんな話だったじゃないか、といった主張をすることはあります。

――結果はどうですか。

サブリース契約の解除は認めるが、一定の解決金を払ってもらうという和解。また、解約はやめるが、下げ幅の制限を課した上での賃料減額を受け入れるという和解に至った例はあります。勝訴判決(確定)までいった例は、弁護団がかかわったなかではありません。負けた判決は正直あります。賃料減額に違法はないといった判決です。

――簡単ではないということですね。弁護団結成のいきさつを教えてください。

二〇一一年、近畿弁護士会連合会の研修会でサブリース問題を取り上げたのが最初です。「中小事業者の保護と消費者法」というテーマで、提携リースやフランチャイズなどとならぶ消費者被害に類似したトラブル類型のひとつとして、不動産サブリースの問題を取り上げました。

――消費者の枠に入りきらない人たちということですね。

厳密には消費者とはいいきれないが、大企業と比べた情報量や交渉力の格差という点では、消費者類似の脆弱性を孕《はら》む「契約弱者」という括《くく》りです。

――事業者だけど消費者性を持っている。

そうですね。そこで一一〇番（公開電話相談）をやってみたんですよ。その結果、いろんなトラブルがあることがわかった。消費者問題に取り組む有志で弁護団を立ち上げようということになってはじめました。二〇一二年の活動開始です。

――大東建託の相談は、手付金（申し込み金）や契約金を返してくれないというものが多いとのことですが、返還させることに成功していますか。

いろいろ経費がかかったからといって返還しないのですが、その内容をみて、オーナー（家主）にとって有益なもの以外は返すよう交渉をします。たとえば地盤調査が実施されていれば、その調査結果のデータをオーナーに渡すならその費用は引いてもらってもいい。あるいは隣地との境界確定にかかった費用は引いてくださいよと。土地を将来ほかのものに使ったり売るときに役立つものですから。でも、まだ申請してもいない建築確認の手数料とか図面作成料を取ることがある。そんなのは認めない。

――解決に成果はあがっていますか？　難しさはありますか。

この七年余りの間に、対応したりフォローしたりした案件は一〇件以上ありますが、訴外示談や和解で解決した事例が多く、一定の成果はあげてきたと思います。ただ、判決まで行くケースでは、やはり契約書の記載が重視されるため、セールストークの（部分の）立証は難しいですね。

――法規制が不十分という問題はありますか。

いま、何の法律もないってことが問題ですよ。

――何の法律もないと言っていい？

はい。唯一あるのが国土交通省の告示で、任意の登録制度です。しかも、賃貸住宅管理業者としての登録。つまり宅建業の亜流みたいなものにすぎない。ですから、大東建託やレオパレスのように、最初に「一億円でアパート建ててください」という勧誘の部分については、何の規制もないわけです。唯一サブリース（転貸）契約をするときには将来の家賃の変動リスクを説明するようにしてくださいね、国交省からのお願いね、というくらいのものです。

――任意ですから入っていない業者もある？

あります。

——規制する法律がないことによってどういう問題が起きていますか。

登録業者は、従業員証を携帯しなきゃいけない、断定的判断の提供や重要事項の不告知をしてはならない、というのが準則としてある。それが守られていなければ登録を抹消するという仕組みです。しかし、これらはあくまでもサブリース業者として賃貸借契約をするときの話であって、その前の「建物建てませんか」のところでは出てこないわけです。大東建託のように建築部門と賃貸借部門が別会社になっている場合、たとえば「話がちがうじゃないか」と言っても「いや、それは大東建託パートナーズの話ではありません。大東建託の話です」と逃げられてしまう。レオパレスは建築部門と賃貸部門を一つの会社でやっていますが、どちらにしてもサブリースの取り締まりだけでは不十分で、建築部門に対してもきちんと規制すべきです。

——具体的にはどのような解決策を？

日本弁護士連合会が意見書を出しています。二〇一八年二月。まず賃貸住宅管理業の任意登録制を法律によって義務化する。賃貸住宅管理業には「サブリース」型（一括借り上げによる転貸・管理）と受託管理型（一括借り上げによる転貸なしの管理）があります。それから、サブリースというのは建築部門と一体でやっているわけですから、建築契約前の説明義務を業者に課すよう法整備をする。さらに、金融機関に対してもリスクについて説明をする義務を課す。そういったことを求めています。国交大臣と金融担当大臣に提出しています。

――大東建託やレオパレスなどのパターン以外の被害というのはありますか。

大東建託やレオパレスは、「一括借り上げ」をセールストークにして、土地所有者に高額のアパートを売るというやり方ですが、ワンルームマンションを買わせるというのもあります。建てさせるのではなくて買わせる形でもトラブルが起きています。

――一括借り上げするから大丈夫ですと。

そんな形です。デート商法を絡ませたやつもあります。大東建託やレオパレスで契約する人は代々土地を受け継いできたような年配の方が多いですが、こちらは若いサラリーマンです。とっかかりが婚活パーティとかです。業者のイケメン男性社員やかわいい女性社員が勧誘する。大阪のサラリーマンが東京のワンルームを四件つづけて買ったトラブルもありました。購入する物件を担保にして一億円近い融資を受けた。最近話題になったフラット35の住宅ローン[※1]ではなくて、収益物件として融資を受けている。計算上は、家賃という〝果実〟がローンよりも多ければ差額がもうかるはずだが、そんなにうまくはいかない。

――修理費や維持費もかかる。

ええ。土地を持っている人に建てさせるパターン、すでに建てたマンションの一室を買わせるパターン、さらにひどいのが、スマートデイズのような、土地を持っていない人に土地を買わせて建てさせる。また、中古マンションを一棟買いさせるというのもある。不動産投資のいい話があるよと勧誘されて、何億円もの融資を受けて買った。その際、融資審査に使われた

「レントロール」という家賃収入の集計表に虚偽事実が書かれていたという例もあります。

――融資をださせるために見せかけの収益を水増ししていたということですね。一刻も早い法規制が必要だと私も思います。日弁連の意見書の提出から一年半以上たっていますが、法整備に向けて進展はあるのですか。

国交省がアンケートをとっているという動きがあります。それを踏まえて登録義務化を検討しているといったニュースはあります。※2

――具体的にはどういう立法を検討しているかはわからない？

具体的にはわからないですね。

――どうも立法の動きはまだ鈍そうですね。行政と国会にはたらきかけなければならないと思います。最後に、悩んでいたり困っているオーナーのかたがたにメッセージはありますか。

おいしい話は疑ってかかることです。少なくとも家族や友人等の意見を聞くべきです。そして、体調不良を感じたら一刻も早く医者に診てもらった方がよいのと同じで、何かおかしいと思ったときには弁護士などの専門家に相談するようにしてください。

――ありがとうございました。

（二〇一九年九月一二日、大阪にてインタビュー）

※1　公的金融機関「独立行政法人住宅金融支援機構」の住宅専用ローン「フラット35」が、投資目的の不動産購入に流用されていることが発覚した問題。機構が二〇一九年一二月に公表した調査結果によれば、不正融資は一六二件三三億円にのぼるほか、金利優遇にともなう国の補助金二二〇〇万円の不正使用もあったという。

※2　二〇一八年一一月二一日の参院消費者特別委員会で、山添拓議員（共産）の質問に対し、鈴木英二郎・国土交通大臣官房審議官が「トラブルの実態を把握し、法制化を視野に検討していく」と答弁した。

※　新聞やNHKの報道によると、政府はサブリース業者に対する規制を盛り込んだ法案を二〇二〇年一月召集の通常国会に提出する見通しだ。不当な勧誘の禁止や書面による説明を義務付けるほか、違反した業者には業務停止命令や罰金を科し、一定規模の戸数を持つ業者に登録を義務付けるという。

※　「サブリース被害対策弁護団」事務局は、神戸合同法律事務所内（神戸市中央区東川崎町一丁目三番三号　電話〇七八－三七一－〇一七一）　https://sublease-bengodan.jimdofree.com/

《資料》

日本弁護士連合会「サブリースを前提とするアパート等の建設勧誘の際の規制強化を求める意見書」

二〇一八年二月一五日、同年二月一九日付けで国土交通大臣及び内閣府特命担当大臣（金融）に提出。

（趣旨）

1　国土交通省は、サブリース業者と同一ないし関連会社である建設業者がサブリースを前提とした賃貸住宅の建設を勧誘する場合、建設業者は、建設工事請負契約締結前に、注文主となろうとする者に対し、①借上げ家賃の変動リスク及び借上げ期間の限定ないし中途解約のリスク等に照らして、将来の家賃収入が保証されているものではないこと、②金融機関からの融資完済までの賃貸住宅の維持修繕内容、これにかかる費用、及び請負代金額を含めた投下資本回収のために必要な月額賃料額、③相続税対策として検討する際には、相続税の軽減とともに事業収支の成否を併せて検討する必要があることを説明すべきことを、法令上の義務とすべきである。

2　賃貸住宅管理業者登録制度を義務的登録制度とする法整備（又は少なくともサブリース業者について義務的登録制度とする法整備）を行うとともに、サブリース業者である登録業者に対しては、上記1と同様の説明義務を課すべきである。

3　金融庁は、銀行法施行規則において、金融機関が、賃貸住宅のローンの融資に際し将来的な賃貸物件の需要見込み、金利上昇や空室・賃料低下リスク等を説明すべきことを明記すべきである。

https://www.nichibenren.or.jp/activity/document/opinion/year/2018/180215_3.html

国土交通省「賃貸住宅管理業務処理準則」

（二〇一一年九月三〇日国土交通省告示第九九九号）
最終改正二〇一六年八月一二日国土交通省告示第九二八号

（業務処理の原則）
第1条　賃貸住宅管理業者は、信義を旨とし、誠実にその業務を行わなければならない。
（証明書の携帯等）
第2条　賃貸住宅管理業者は、使用人その他の従業者に、その従業者であることを証する証明書を携帯させなければ、その者をその業務に従事させてはならない。
2　賃貸住宅管理業者の使用人その他の従業者は、その業務を行うに際し、賃借人等その他の関係者から請求があったときは、前項の証明書を提示しなければならない。
（禁止行為）
第3条　賃貸住宅管理業者は、その業務に関して、次に掲げる行為をしてはならない。
一　賃借人等に対し、虚偽のことを告げ、不確実な事項について断定的判断を提供し、又は確実であると誤認させるおそれのあることを告げる行為
二　賃貸人に対し、賃貸人から管理事務の委託を受けることを内容とする契約（以下「管理受託契約」という。）及び賃貸住宅管理業者が賃貸住宅を転貸するために自らを賃借人とする賃貸借契約の内容のうち重要な事項を告げない行為
三　前各号に掲げるもののほか、偽りその他不正又は著しく不当な行為
（誇大広告の禁止等）
第4条　条賃貸住宅管理業者は、その業務に関して広告又は勧誘をするときは、管理事務に要する費用その他の管理事務の内容及び自らを賃借人とする場合の賃貸借契約の内容について、著しく事実に相違する表示若しくは説明をし、又は実際の

ものよりも著しく有利であると人を誤認させるような表示若しくは説明をしてはならない。

（賃貸人に対する管理受託契約に関する重要事項の説明等）

第5条　賃貸住宅管理業者は、管理受託契約を締結しようとするときは、その契約が成立するまでの間に、当該賃貸人に対して、管理受託契約の内容及びその履行に関する事項に関し、賃貸住宅管理業者登録規程（平成二十三年国土交通省告示第九百九十八号）第七条に規定する者（以下「実務経験者等」という。）をして、少なくとも次に掲げる事項を記載した書面を交付して説明をさせなければならない。

一　賃貸住宅管理業者の商号又は名称、登録番号及び登録年月日

二　管理事務の対象となる賃貸住宅の所在地に関する事項

三　管理事務の対象となる賃貸住宅の部分に関する事項

四　管理事務の内容及び実施方法（第十六条の規定により管理する財産の管理の方法を含む。）

五　管理事務に要する費用並びにその支払の時期及び方法

六　契約期間に関する事項

七　管理事務の再委託に関する事項

八　免責に関する事項

九　契約の更新に関する事項

十　契約の解除に関する事項

2　実務経験者等は、前項の説明をするときは、説明の相手方に対し、実務経験者等であることを示す書面又はその写しを提示しなければならない。

3　第一項の書面の交付に当たっては、実務経験者等は、当該書面に記名押印しなければならない。

（賃貸人に対する管理受託契約の成立時の書面の交付）

第6条　賃貸住宅管理業者は、管理受託契約を締結したときは、当該賃貸人に対し、遅滞なく、次に掲げる事項を記載した書面を交付しなければな

らない。
一　賃貸住宅管理業者の商号又は名称
二　管理事務の対象となる賃貸住宅の部分
三　管理事務の内容及び実施方法（第十六条の規定により管理する財産の管理の方法を含む。）
四　管理事務に要する費用並びにその支払の時期及び方法
五　契約期間に関する事項
六　管理事務の再委託に関する定めがあるときは、その内容
七　免責に関する定めがあるときは、その内容
八　契約の更新に関する定めがあるときは、その内容
九　契約の解除に関する定めがあるときは、その内容
2　賃貸住宅管理業者は、前項の規定により交付すべき書面を作成したときは、実務経験者等をして、当該書面に記名押印させなければならない。
（賃借人に対する管理受託契約に関する書面の交付等）
第7条　賃貸住宅管理業者は、管理受託契約を締結したときは、遅滞なく、次に掲げる事項を記載した書面を作成しなければならない。これらの事項に変更があったときも、同様とする。
一　前条第一号から第三号までに掲げる事項
二　事務所の電話番号その他の連絡先等
2　賃貸住宅管理業者は、次のいずれかに該当するときは、当該賃貸住宅の賃借人に対し、遅滞なく、前項に規定する書面を交付しなければならない。
一　管理受託契約を既に締結している賃貸住宅について新たに賃貸借契約が締結されたとき。
二　賃貸借契約が既に締結されている賃貸住宅について新たに管理受託契約を締結したとき。
3　賃貸住宅管理業者は、第一項各号に掲げる事項に重要な変更があったときは、賃借人に対し、当該変更の内容を周知するための必要な措置をとらなければならない。

（転貸の場合の賃貸人に対する賃貸借契約に関する重要事項の説明等）

第8条　賃貸住宅管理業者は、賃貸住宅を転貸するために自らを賃借人とする賃貸借契約を締結しようとするときは、その賃貸借契約が成立するまでの間に、賃貸人となろうとする者に対して、実務経験者等をして、少なくとも次に掲げる事項について、これらの事項を記載した書面を交付して説明をさせなければならない。

一　宅地建物取引業法（昭和二十七年法律第百七十六号）第三十五条第一項第七号から第九号まで並びに宅地建物取引業法施行規則（昭和三十二年建設省令第十二号）第十六条の四の三第八号、第九号及び第十一号から第十三号までに掲げる事項

二　第五条第一項第四号に掲げる事項

三　転貸の条件に関する事項

四　借賃（空室時等に異なる借賃とする場合は、その内容を含む。）及び将来の借賃の変動に係る条件に関する事項

五　当該契約が終了した場合における転貸人の地位の承継に関する事項

2　賃貸住宅管理業者は、賃貸住宅を転貸するために自らを賃借人とする賃貸借契約を締結しようとする者から基幹事務について一括して受託しようとするとき又は当該賃貸住宅を再転貸するために転借しようとするときは、その賃貸借契約及び基幹事務受託契約又は転貸借契約が成立するまでの間に、賃貸人に対して、実務経験者等をして、前項各号に掲げる事項について、これらの事項を記載した書面を交付して説明をさせなければならない。ただし、賃貸住宅を転貸する者が、実務経験者等をして、当該書面を交付して説明をさせる場合は、この限りでない。

3　実務経験者等は、前二項の説明をするときは、説明の相手方に対し、実務経験者等であることを示す書面又はその写しを提示しなければならない。

4　第一項及び第二項の書面の交付に当たっては、実務経験者等は、当該書面に記名押印しなければならない。

（転貸の場合の賃貸人に対する賃貸借契約の成立時の書面の交付）

第9条　賃貸住宅管理業者は、賃貸住宅を転貸するために自らを賃借人とする賃貸借契約を締結したときは、当該賃貸人に対し、遅滞なく、次に掲げる事項を記載した書面を交付しなければならない。

一　宅地建物取引業法第三十七条第二項各号に掲げる事項（同項の規定の適用がある場合を除く。）

二　第六条第一項第三号に掲げる事項

三　転貸の条件に関する定めがあるときは、その内容

四　借賃について、空室時等に異なる借賃とする定め又は将来の借賃の変動に係る条件に関する定めがあるときは、その内容

五　当該契約が終了した場合における転貸人の地位の承継に関する定めがあるときは、その内容

2　賃貸住宅管理業者は、賃貸住宅を転貸するために自らを賃借人とする賃貸借契約を締結した者から基幹事務について一括して受託したとき又は当該賃貸住宅を再転貸するために転借したとき（前条第二項に基づき、実務経験者等をして、書面を交付して説明をさせた場合に限る。）は、賃貸人に対して、前項各号に掲げる事項を記載した書面を交付しなければならない。ただし、賃貸住宅を転貸する者が自ら当該書面を交付する場合は、この限りでない。

3　賃貸住宅管理業者は、前二項の規定により交付すべき書面を作成したときは、実務経験者等をして、当該書面に記名押印させなければならない。

（転貸の場合の賃借人に対する賃貸借契約に関する重要事項の説明等）

第10条　賃貸住宅管理業者は、賃借した賃貸住宅について自らを賃貸人とする賃貸借契約を締結し

ようとするときは、その賃貸借契約が成立するまでの間に、賃借人となろうとする者に対し、少なくとも宅地建物取引業法第三十五条第一項各号に掲げる事項について、これらの事項を記載した書面を交付して説明しなければならない。ただし、同項の規定の適用がある場合は、この限りでない。

（転貸の場合の賃借人に対する賃貸借契約の成立時の書面の交付）

第11条　賃貸住宅管理業者は、賃借した賃貸住宅について自らを賃貸人とする賃貸借契約を締結したときは、当該賃借人に対し、遅滞なく、次に掲げる事項を記載した書面を交付しなければならない。

一　宅地建物取引業法第三十七条第二項各号に掲げる事項（同項の規定の適用がある場合を除く。）

二　第六条第一項第三号に掲げる事項及び事務所の電話番号その他の連絡先等

（賃借人に対する賃貸借契約の更新時における書面の交付）

第12条　賃貸住宅管理業者は、管理受託契約（賃貸借契約の更新に係る事務を受託している場合に限る。）の対象となる賃貸住宅に係る賃貸借契約又は自らを賃貸人とする賃貸借契約が更新されたときは、当該賃借人に対し、遅滞なく、次に掲げる事項について、これらの事項を記載した書面を交付しなければならない。

一　当該賃貸借契約の更新後の期間

二　更新後の家賃の額並びにその支払の時期及び方法

三　家賃以外の金銭の授受に関する定めがあるときは、その額並びに当該金銭の授受の時期及び目的

（賃借人に対する賃貸借契約の終了時における書面の交付等）

第13条　賃貸住宅管理業者は、管理受託契約（賃貸借契約の終了に係る事務を受託している場合に限る。）の対象となる賃貸住宅に係る賃貸借契約

又は自らを賃貸人とする賃貸借契約が終了する場合において、当該賃借人に対し当該契約の終了に伴う債務の額を提示しようとするときは、当該額の算定の基礎について記載した書面を交付しなければならない。

2　賃貸住宅管理業者は、前項の規定により書面を交付した後において、賃借人から、当該額の算定の基礎について説明を求められたときは、当該賃借人に対し、当該説明を求められた事項を説明しなければならない。

（管理事務の再委託）

第14条　賃貸住宅管理業者は、管理受託契約に管理事務の再委託に関する事項を定めた場合には、管理事務を他の者に再委託することができる。

2　賃貸住宅管理業者は、基幹事務については、これを一括して他の者に委託してはならない。

3　賃貸住宅管理業者は、管理事務を再委託する場合には、再委託を受けた者が、この準則の定めるところによりその業務を行うよう努めなければならない。

（賃貸借契約に基づかない金銭を賃借人から受領したときの通知）

第15条　賃貸住宅管理業者は、その業務（賃貸人として行う業務を除く。）を行うに当たり、賃借人から賃貸借契約に定めのない金銭その他の財産を受領したときは、当該賃貸住宅の賃貸人に対し、その旨を通知しなければならない。

（財産の分別管理）

第16条　賃貸住宅管理業者は、その受領する家賃等については、整然と管理する方法により、自己の固有財産及び他の賃貸人の財産と分別して管理しなければならない。

（管理事務の報告）

第17条　賃貸住宅管理業者は、定期に、管理受託契約又は賃貸借契約を締結した賃貸人に対し、当該管理事務に関する報告をしなければならない。

2　賃貸住宅管理業者は、賃貸住宅を転貸するために自らを賃借人とする賃貸借契約を締結した者から基幹事務について一括して受託したとき又は当該賃貸住宅を再転貸するために転借したときは、定期に、当該賃貸住宅の賃貸人に対し、当該管理事務に関する報告をしなければならない。ただし、賃貸住宅を転貸する者が自ら当該報告をする場合は、この限りではない。

（管理受託契約終了の通知）

第18条　賃貸住宅管理業者は、管理受託契約の終了その他の事由により管理事務が終了したときは、遅滞なく、当該賃貸住宅の賃借人に対し、その旨を通知しなければならない。

（帳簿の作成等）

第19条　賃貸住宅管理業者は、その業務について、事務所ごとに帳簿を作成し、これを保存しなければならない。

（書類の閲覧）

第20条　賃貸住宅管理業者は、賃貸住宅管理業者登録規程第九条の報告に係る書面をその事務所ごとに備え置き、賃借人等の求めに応じ、これを閲覧させなければならない。

（秘密の保持）

第21条　賃貸住宅管理業者は、正当な理由がなく、その業務に関して知り得た秘密を漏らしてはならない。賃貸住宅管理業者でなくなった後においても、同様とする。

（従業者の研修）

第22条　賃貸住宅管理業者は、その従業者に対し、管理事務の適切な処理を図るため必要な研修を受けさせるよう努めなければならない。

附則（略）

あとがき

むき出しの資本主義、収奪、搾取——大東建託や同業者の周辺を取材していて、何度となくそんな言葉が頭に浮かんだ。その悪質な手口の数々や劣悪な労働環境の様は本書で報告したとおりである。社員は傷つき、生命感のある農村の原風景は、採算が厳しいであろうアパート群に取って変わり、多くの土地所有者とその家族、子どもや孫たちを多額の借金返済で苦悩させている。

狂気じみた〝日本列島アパート乱立事件〟とでも表現したくなるような社会現象が、いったいどういうメカニズムで起きているのか、私はまだよく理解することができない。

銀行など金融機関のかかわりについて切りこむのは、このテーマを手がけた私にとっての今後の課題である。低金利政策によって利益が減った金融機関が、だぶついた金を「アパート事業」に貸しまくった結果のようにもみえるが、ことはそれほど単純ではないにちがいない。巨額のアパート融資が不良債権化する恐れはないのか、預貯金は大丈夫なのか、気になる問題は多数ある。大新聞や民放が、とくに大東建託の問題に関しては沈黙同然の態度をとっている点も不可解である。社員が殺人未遂事件を起こしたにもかかわらず社名がいっさい報じられないのは不自然きわまりない。日本のジャーナリズム史に刻むべきスキャンダルである。

事件の真相に迫り、真犯人を突きとめるべく、非力ではあるがこれからも取材をつづけたいと思う。情報提供をはじめとする皆さまのご支援を心よりお待ちする次第である。

末筆になり恐縮だが、取材・執筆にあたっては多くの方のご協力をいただいた。本文に直接記述していないものの、背景取材として得た話や資料が多数ある。この場をお借りして厚くお礼申し上げる。

二〇二〇年二月二一日

東京都杉並区の自宅にて

三宅勝久

〈初出について〉

第一章～一三章は、二〇一八年三月～一九年六月にかけて『MyNewsJapan』(http://www.mynewsjapan.com/)に掲載した記事に大幅な加筆修正をしました。インタビュー編は書き下ろしです。

著者略歴

三宅勝久（みやけ・かつひさ）

ジャーナリスト、ブログ「スギナミジャーナル」主宰。1965年岡山県生まれ。フリーカメラマンとして中南米、アフリカの紛争地を取材。『山陽新聞』記者を経て現在フリージャーナリスト。「債権回収屋G　野放しの闇金融」で第12回『週刊金曜日』ルポルタージュ大賞優秀賞受賞。2003年、『週刊金曜日』連載の消費者金融武富士の批判記事をめぐり同社から損害賠償請求訴訟を起こされるが、最高裁で勝訴確定。著書に『サラ金・ヤミ金大爆発　亡国の高利貸』『悩める自衛官　自殺者急増の内幕』『自衛隊員が死んでいく　自殺事故"多発地帯"からの報告』（いずれも花伝社）『武富士追及　言論弾圧裁判1000日の闘い』（リム出版新社）『自衛隊という密室　いじめと暴力、腐敗の現場から』（高文研）『自衛隊員が泣いている　壊れゆく"兵士"の命と心』（花伝社）『日本を滅ぼす電力腐敗』（新人物文庫）『日本の奨学金はこれでいいのか』（共著、あけび書房）『債鬼は眠らず　サラ金崩壊時代の収奪産業レポート』『司法が凶器に変わるとき　「東金女児殺害事件」の謎を追う』『大東建託の内幕"アパート経営商法"の闇を追う』（いずれも同時代社）『小池百合子東京都知事と黒塗り文書　税金を"ネコババ"する輩は誰だ！』（若葉文庫）など。

「大東建託」商法の研究
——"サブリースでアパート経営"に気をつけろ！

2020年 3 月 30 日　　初版第 1 刷発行

著　者　　三宅勝久
発行者　　川上　隆
発行所　　株式会社同時代社
〒101-0065　東京都千代田区西神田 2-7-6
電話　03(3261)3149　FAX　03(3261)3237
組　版　　有限会社閏月社
装　幀　　クリエイティブ・コンセプト
印　刷　　中央精版印刷株式会社

ISBN978-4-88683-872-8